二手房陷阱

王俊伟 编著

买卖合同
条款解读与风险防范

中国财富出版社有限公司

图书在版编目（CIP）数据

二手房陷阱：买卖合同条款解读与风险防范 / 王俊伟编著 . —北京：中国财富出版社有限公司，2022.10（2023.11 重印）

ISBN 978-7-5047-7792-8

Ⅰ . ①二… Ⅱ . ①王… Ⅲ . ①房地产—买卖合同—基本知识—中国 Ⅳ . ① D923.6

中国版本图书馆 CIP 数据核字（2022）第 195419 号

策划编辑	郑晓雯	责任编辑	张红燕 郑晓雯	版权编辑	李 洋
责任印制	梁 凡	责任校对	卓闪闪	责任发行	董 倩

出版发行	中国财富出版社有限公司		
社　　址	北京市丰台区南四环西路 188 号 5 区 20 楼	邮政编码	100070
电　　话	010-52227588 转 2098（发行部）	010-52227588 转 321（总编室）	
	010-52227566（24 小时读者服务）	010-52227588 转 305（质检部）	
网　　址	http://www.cfpress.com.cn	排　版	宝蕾元
经　　销	新华书店	印　刷	宝蕾元仁浩（天津）印刷有限公司
书　　号	ISBN 978-7-5047-7792-8/D · 0201		
开　　本	710mm×1000mm　1/16	版　次	2023 年 1 月第 1 版
印　　张	18	印　次	2023 年 11 月第 2 次印刷
字　　数	241 千字	定　价	68.00 元

版权所有·侵权必究·印装差错·负责调换

目录 CONTENTS

第一章　合同当事人（卖方、买方）

一　条款内容 …………………………………………… 3
二　条款解读 …………………………………………… 3
三　签约技巧 …………………………………………… 4
四　常见争议 …………………………………………… 4

第二章　房屋基本情况

一　条款内容 …………………………………………… 19
二　条款解读 …………………………………………… 20
三　签约技巧 …………………………………………… 20
四　常见争议 …………………………………………… 22

第三章　转让价格

一　条款内容 …………………………………………… 35
二　条款解读 …………………………………………… 35
三　签约技巧 …………………………………………… 35
四　常见争议 …………………………………………… 36

第四章 土地使用权的转让

一 条款内容 ································· 49
二 条款解读 ································· 49
三 签约技巧 ································· 50
四 常见争议 ································· 50

第五章 交房方式

一 条款内容 ································· 61
二 条款解读 ································· 61
三 签约技巧 ································· 61
四 常见争议 ································· 62

第六章 装饰装修的损害赔偿

一 条款内容 ································· 73
二 条款解读 ································· 73
三 签约技巧 ································· 73
四 常见争议 ································· 74

第七章 产权过户

一 条款内容 ································· 83
二 条款解读 ································· 83
三 签约技巧 ································· 84
四 常见争议 ································· 85

第八章 风险承担方式

一 条款内容 ································· 95

二　条款解读 …… 95
三　签约技巧 …… 95
四　常见争议 …… 96

第九章　税费承担

一　条款内容 …… 105
二　条款解读 …… 105
三　签约技巧 …… 105
四　常见争议 …… 107

第十章　逾期付款违约责任

一　条款内容 …… 117
二　条款解读 …… 117
三　签约技巧 …… 118
四　常见争议 …… 119

第十一章　逾期交房违约责任

一　条款内容 …… 135
二　条款解读 …… 135
三　签约技巧 …… 136
四　常见争议 …… 137

第十二章　户口迁出的责任承担

一　条款内容 …… 143
二　条款解读 …… 143
三　签约技巧 …… 143
四　常见争议 …… 145

第十三章　补充条款的效力

- 一　条款内容 ······ 151
- 二　条款解读 ······ 151
- 三　签约技巧 ······ 151
- 四　常见争议 ······ 152

第十四章　合同生效方式

- 一　条款内容 ······ 157
- 二　条款解读 ······ 157
- 三　签约技巧 ······ 157
- 四　常见争议 ······ 158

第十五章　争议解决方式

- 一　条款内容 ······ 165
- 二　条款解读 ······ 165
- 三　签约技巧 ······ 165
- 四　常见争议 ······ 167

第十六章　合同文本数量

- 一　条款内容 ······ 173
- 二　条款解读 ······ 173
- 三　签约技巧 ······ 173
- 四　常见争议 ······ 174

第十七章　补充条款（一）：自行约定内容

- 一　条款内容 ······ 181

二　条款解读	181
三　签约技巧	183
四　常见争议	184

第十八章　补充条款（二）：违反限购的责任承担

一　条款内容	191
二　条款解读	191
三　签约技巧	192
四　常见争议	197

第十九章　附件一：房屋平面图及房地产四至范围

一　条款内容	207
二　条款解读	207
三　签约技巧	207
四　常见争议	208

第二十章　附件二：随房屋同时转让的设备、装饰情况及处理

一　条款内容	219
二　条款解读	219
三　签约技巧	220
四　常见争议	221

第二十一章　附件三：付款协议

一　条款内容	233
二　条款解读	234
三　签约技巧	234
四　常见争议	236

第二十二章　附件四：物业管理费，水、电、煤、电讯等其他费用的支付

一　条款内容 ………………………………………… 245

二　条款解读 ………………………………………… 245

三　签约技巧 ………………………………………… 246

四　常见争议 ………………………………………… 246

第二十三章　附件五：相关关系（包括租赁、抵押、相邻等其他关系）和户口迁移

一　条款内容 ………………………………………… 253

二　条款解读 ………………………………………… 253

三　签约技巧 ………………………………………… 254

四　常见争议 ………………………………………… 255

第二十四章　附件六：居间介绍、代理等中介服务情况

一　条款内容 ………………………………………… 267

二　条款解读 ………………………………………… 268

三　签约技巧 ………………………………………… 268

四　常见争议 ………………………………………… 268

第一章
合同当事人（卖方、买方）

第一章
合同当事人（卖方、买方）

一　条款内容

房地产买卖合同人：

卖售人（甲方）：_____。

买受人（乙方）：_____。

根据中华人民共和国有关法律、法规和本市有关规定，甲、乙双方遵循自愿、公平和诚实信用的原则，经协商一致，订立本合同，以资共同遵守。

二　条款解读

本条款是对合同签约主体的描述，卖售人（甲方）即卖方，是房产证上列明的房地产权利人；买受人（乙方）即买方，是要购买房产的人。

买卖双方应出示本人居民身份证、户口簿、护照、结婚证等原件，未成年人出示本人户口簿或出生证明原件，以此证明自己有出售、购买房产的权利。双方若有代理人，需出示代理人身份证明及经权威部门认可的授权委托书。

三 签约技巧

1.买卖双方的个人征信情况关系到房产能否顺利过户、能否足额支付房款等。

2.核查产权登记情况，如产权登记为多人所有还是产权登记虽未署名但法律上为多人所有，如夫妻共同所有。

3.核查卖方中是否存在未成年人。

4.通过法院、工商局、税务局等信息公开网站，简单了解买卖双方各自的诉讼、债务负担、行政处罚等情况，这样有助于对交易的后续履行情况做出基本判断。否则，若卖方涉及诉讼，则面临房产被查封而无法过户的风险；若买方涉及诉讼，可能会出现不能付款等风险。

5.产权登记的人全部都要签字；若夫妻共有财产但仅登记一人的名字，建议让另一方出具同意出售的证明或者在之前的居间协议中签字确认。

6.合同中注明，卖方有权作为法定监护人处分房产，并且所有监护人一致认可，若出现无法处分的情况，责任由卖方承担的相关条款。

四 常见争议

【实务案例1】房屋被查封，合同应解除。

上海市长宁区人民法院审理刘某、郭某某与黄某某、包某某房屋买卖合同纠纷〔案号：（2019）沪0105民初15325号〕时认为：

第一章
合同当事人（卖方、买方）

　　刘某、郭某某与黄某某、包某某签订的《上海市房地产买卖合同》及《附属设施、设备及室内装饰转让协议》系双方真实意思表示，且不违反法律、法规的强制性规定，合法有效，双方均应恪守。在上述合同履行过程中，涉讼房屋被虹口法院司法查封，客观上已无法过户至刘某、郭某某名下，故刘某、郭某某在此情况下有权中止履行支付房价款的义务。刘某、郭某某已将中止履行债务的意思通知黄某某、包某某，并要求黄某某、包某某及时解决司法查封事宜，但黄某某、包某某至今未能解决，且未提供适当担保，故刘某、郭某某有权解除上述合同，要求黄某某、包某某返还已支付的房价款并依约承担违约责任。法院向黄某某、包某某发送的诉状副本最后签收日期为2019年7月21日，故上述合同应于该日解除。刘某、郭某某已支付黄某某、包某某的房价款300万元，黄某某、包某某应予返还。根据《上海市房地产买卖合同》的约定，合同解除后，黄某某、包某某应支付的违约金为总房价款的20%，黄某某、包某某提出该标准过高。鉴于刘某、郭某某并未提供证据证明其因黄某某、包某某违约所造成的实际损失，一审法院结合上述合同的履行情况及当事人的主观过错程度，兼顾公平、诚实信用原则，酌定黄某某、包某某应向刘某、郭某某支付违约金50万元。包某某经一审法院合法传唤，无正当理由拒不到庭，视为放弃抗辩权，本案的事实以现有证据予以认定。

　　据此，一审法院于2019年10月29日依照《中华人民共和国合同法》[①]第六十八条第一款第四项、第六十九条、第九十三条第二款、第九十六条第一款、第九十七条，《中华人民共和国民事诉讼法》第一百四十四条规定，做出判决："一、刘某、郭某某与黄某某、包某某就上海市长宁区

---

① 自2021年1月1日起《中华人民共和国民法典》施行，《中华人民共和国合同法》同时废止。

××路××弄××号××室房屋签订的《上海市房地产买卖合同》及《附属设施、设备及室内装饰转让协议》于2019年7月21日解除;二、黄某某、包某某应于判决生效之日起十日内返还刘某、郭某某房价款300万元;三、黄某某、包某某应于判决生效之日起十日内支付刘某、郭某某违约金50万元;四、驳回刘某、郭某某的其余诉讼请求。①

上海市第一中级人民法院审理刘某、郭某某与黄某某、包某某房屋买卖合同纠纷〔案号:(2020)沪01民终1650号〕时认为:

本案的争议焦点在于上诉人是否违约、违约金是否过高、责任承担主体是否……

根据合同约定,被上诉人应当在2019年5月15日前支付第二笔房价款130万元以及室内装修款150万元,但在2019年3月20日涉讼房屋因上诉人对外欠债而被法院查封,被上诉人与上诉人多次联系,敦促其在付款截止日前解除查封,但上诉人至今未予解决。鉴于涉讼房屋上尚有民生银行的1300万元最高额抵押,现上诉人又因外债被起诉,涉案交易确有不能继续履行之虞,被上诉人暂停支付余款,当属行使不安抗辩权。二审中,上诉人也确认售房款不足以清偿外欠债务。被上诉人为履行合同,给予上诉人解除查封的期限,但上诉人均未能在期限内解决,系上诉人自己的过错。上诉人主张被上诉人未要求上诉人提供担保、未申请预告登记等存在过错,系将上诉人保证房屋产权无瑕疵的义务转嫁给被上诉人,本院难以认同。涉讼房屋的房价虽然比法院委托拍卖的价格稍低,与估价时点、买卖双方的博弈、市场行情等均有关联,不能由此推

---

① 书稿中的实务案例如无特别说明,均来自中国裁判文书网。案例根据行文需要有所改动。

出上诉人已经告知售房是为还债的结论。如上诉人告知其外欠2000多万元债务之事实，被上诉人是否愿与上诉人签订买卖合同并支付300万元房款，亦属难定之事。上诉人的不诚信导致涉讼房屋买卖合同无法继续履行，应对被上诉人承担违约责任。

【实务案例2】 房屋被查封，付尾款、合同继续。

上海市金山区人民法院审理孙某与颜某某、许某某、上海泓懿房地产营销策划有限公司房屋买卖合同纠纷〔案号：（2019）沪0116民初12992号〕时认为：

原、被告之间房屋买卖合同系双方真实意思表示，且不违反相关法律规定，合法有效，应受法律保护。原告诉讼前已向被告颜某某履行了175万元购房款支付义务，且已实际入住系争房屋至今，并于本案诉讼中支付了购房尾款40万元，涤除了系争房屋名下已存在的他案查封。故，被告颜某某、许某某应积极涤除系争房屋名下尚存抵押贷款，协助原告办理房屋过户手续。原告诉请既有事实依据亦有法律依据，依法应获支持。被告上海泓懿房地产营销策划有限公司虽无协助过户之法律责任，但在后续办理过户手续过程中，仍应提供相应服务。

【实务案例3】 买方无力付款，合同解除。

上海市第一中级人民法院审理董某、董某某、喻某某、周某某与商某某房屋买卖合同纠纷〔案号：（2017）沪01民终2195号〕时指出：

一审法院认为，董某等四人与商某某就系争房屋签订了《房地产买卖居间协议》及《房地产买卖合同》，对房屋坐落、房屋总价、付款时间、交房时间等主要条款做出了约定，虽然双方对第二期房款70万元支付方式等存在争议，但不影响房屋买卖合同的成立。

双方买卖合同成立并生效，商某某负有按时、足额支付房价款之义务，商某某在合同履行期间明确表示无力继续履行合同，董某等四人依法享有解除权。董某等四人此后已将房屋另售他人，表明其以实际行动解除了与商某某的房屋买卖合同。

因商某某违约导致合同解除，商某某应按合同约定承担违约责任。商某某主张的双方已经对违约责任达成一致意见，无证据证明，一审法院难以采纳。商某某辩称，违约金标准过高，请求调整。一审法院认为，是否调整违约金应结合合同履行情况、守约方的实际损失等综合因素予以判定，董某等四人在2015年5月已经知道商某某无力履行合同，同时也已经另行出售房屋，且出售价格高于与商某某约定的合同价，故商某某要求调整违约金的意见，一审法院予以采纳，酌定违约金为6万元。判决："一、原告董某、董某某、喻某某、周某某与被告商某某就上海市浦东新区××路××弄××号××室房屋买卖合同关系解除；二、被告商某某应于判决生效之日起十日内支付原告董某、董某某、喻某某、周某某违约金6万元（扣除已付的定金5万元，被告商某某还需支付1万元）。"

二审法院认为，当事人主张约定的违约金过高请求予以适当减少的，人民法院应当以实际损失为基础，兼顾合同的履行情况、当事人的过错程度以及预期利益等综合因素，根据公平、诚实信用原则予以衡量，并做出裁决。本案中，上诉人董某等四人与被上诉人商某某签订的《房地产买卖居间协议》及《房地产买卖合同》合法有效，双方均应恪守履行。虽然各方当事人对被上诉人应于2015年5月22日之前支付的第二、第三期房款的金额有异议，但对支付时间并无异议。事实上，在上诉人向被上诉人催款后，被上诉人父亲称股票套牢无法买房。2015年7月，经上诉人询问，原审第三人宝原公司再次告知被上诉人已经违约的事实。因此，本案双方之间房屋买卖合同关系解除的责任在于被上诉人。被上诉人主张双方已对违约责任达成合意，缺乏依据，本院不予采信。至于被上诉人应支付上诉人的违约金数额，上诉人在履约的过程中并无过错，并且虽然其在知晓被上诉人无力履行合同之后另行出售房屋，但系争房屋的出售价格并未明显高于上诉人、被上诉人约定的合同价，而被上诉人作为房屋购买方在签订《房地产买卖合同》之后未积极备款买房，而是主张股票套牢无法买房，其违约行为明显，存在过错。因此，根据被上诉人违约造成上诉人的实际损失，结合合同的履行情况及当事人的过错程度等因素，根据公平原则和诚实信用原则，本院酌定被上诉人支付上诉人违约金12万元。原审酌定的违约金6万元，数额畸低，既未能充分保护合同守约方的利益，又未能体现对合同违约方的惩罚，故本院依法予以纠正。

【实务案例4】夫妻一方不同意，出售不成立。

上海市第二中级人民法院审理林某某与刘某房屋买卖合同纠纷〔案号：（2017）沪02民终1846号〕时认为：

林某某与刘某就系争房屋签订的《房地产买卖居间协议》是双方当事人真实意思表示，合法有效，双方当事人均应按约履行。林某某上诉认为系争房屋为夫妻共同财产，因林某某丈夫明确表示拒绝出售系争房屋，故林某某与刘某签订的《房地产买卖居间协议》应为无效。但系争房屋产权登记在林某某一人名下，物权登记具有公示效力，现林某某以房屋系夫妻共同财产、其丈夫不同意出售房屋为由，否认其与刘某签订的居间协议的效力，于法无据，对其主张本院不予采纳。一审法院根据查明事实，认定林某某以双方未约定交房时间为由阻却《上海市房地产买卖合同》的签订，明显构成违约，并无不妥；林某某上诉主张其无违约行为，不应承担违约责任，缺乏事实与法律依据，对其主张本院不予采纳。对于林某某应承担的逾期过户违约金，一审法院依据房地产买卖一般交易流程，确定违约金自2016年8月16日起算，并基于双方合同的约定及林某某调整违约金标准的请求，酌情调整违约金标准为每月1.5万元，并无不当。林某某上诉仍主张违约金标准过高，本院不予采纳；林某某上诉以全额支付房款为房屋过户的前提、刘某的购房资格存疑等为由，认为林某某不应承担逾期过户违约金，依据不足，本院亦不予支持。林某某上诉主张其一审诉讼代理人为无权代理，认为林某某未参加一审审理、诉权未得到保护，请求将本案发回重审。本院认为，林某某一审诉讼代理人已提供完备的代理手续，且参加了一审庭审，林某某主张一审程序违法，依据不足。林某某若认为一审诉讼代理人为无权代理，侵害其权利，应向侵权人主张权利。综上，林某某的上诉请求不能成立，应予驳回。

【实务案例5】 登记一方出售房屋，合法有效。

上海市杨浦区人民法院审理韩某某与刘某、朱某某房屋买卖合同纠纷〔案号：（2015）杨民四（民）初字第3585号〕时认为：

所有权人对自己的不动产依法享有处分的权利。因刘某为系争房屋的唯一产权人，朱某某有理由相信其有处分系争房屋的权利，刘某与朱某某就系争房屋签订的《上海市房地产买卖合同》系双方真实意思表示，故合法有效，且朱某某已经根据合同约定履行了付款义务。原告辩称两

第一章
合同当事人（卖方、买方）

名被告恶意串通、损害原告利益，故合同无效，但未能提供证据予以证明。原告另辩称刘某隐瞒其购买系争房屋产权，即使所述属实，原告在长达数十年间并未主张过相关权利，且系与刘某之间内部家庭纠纷，不能对抗两名被告之间签订的买卖合同。故原告诉请，本院难以支持。

【实务案例6】 监护人代小孩签字合法有效。

上海市第一中级人民法院审理唐某某与俞父房屋买卖合同纠纷〔案号：（2017）沪01民终3598号〕时认为：

一审法院系以俞父向唐某某出售系争房屋并非为保护未成年的共有人俞某某的利益，而该出售行为亦未经俞某某另一监护人的追认为由，认定俞父代俞某某签订系争房屋买卖合同损害了俞某某的合法权益而对其不具有约束力，俞父以其及俞某某名义与唐某某签订的系争房屋买卖合同及补充协议应为无效。对此，本院认为，第一，一审法院认定俞父出售系争房屋系出于其自身经营资金所需而非为俞某某的利益，但对此俞父明确表示无法提供证据予以证明，故一审法院就此所做认定明显缺乏基本事实依据。

第二，虽然俞某某在买卖合同签订当时即将年满18周岁，但其当时仍系未成年人的身份明确，故俞父作为其法定监护人有权代其签署买卖合同及补充协议，对此，作为合同相对方的唐某某并无任何过错。至于俞父与俞母的情形，系俞父、俞某某家庭内部事宜，俞父、俞某某也无证据证明在交易过程中已就此向唐某某予以明示，故不能成为俞父、俞某某主张唐某某在签约过程中存在过错的依据。

第三，因俞父、俞某某并未提供任何证据证明系争房屋交易价格明显存在不合理之处，故在俞父、俞某某可获得合理对价的情况下，出售系争房屋并不必然损害俞某某的合法权益。此外，因俞某某与俞父及案外人还共有株洲路房屋，俞某某也并不实际居住系争房屋，故出售系争房屋也不会对俞某某的居住问题造成影响。至于俞某某所述其因与继母关系不睦故并不居住株洲路房屋等事实，则属于其家庭内部事务，并不能因此否定俞某某系株洲路房屋产权人之一的事实。

第四，退一步讲，即便俞父代俞某某处分系争房屋对俞某某造成损害，俞父对其自身享有的系争房屋产权份额仍享有当然的处分权，故一审法院认定买卖合同及补充协议整体无效，亦属错误。由此，鉴于俞父在签约当时系俞某某的法定监护人，故其有权代俞某某签署买卖合同及补充协议，且亦无证据表明俞父该处分行为损害了俞某某的合法权益，故系争房屋买卖合同及补充协议应为买卖双方的真实意思表示而对签约方唐某某及俞父、俞某某均具有约束力。

一审判决确认买卖合同及补充协议整体无效，属认定事实和适用法律错误，本院对此予以纠正。鉴于买卖合同及补充协议的履行不存在障碍，故唐某某要求继续履行合同，依法有据，应予支持。虽然唐某某的一审诉请中并未包含交付房屋和支付房款的内容，但因该内容系合同履行的重要内容，且二审中唐某某明确要求一并处理上述问题，故为避免当事人讼累，本院对此一并予以处理。由此，在合同继续履行的情况下，唐某某应向俞父、俞某某支付剩余房款，俞父、俞某某则应配合唐某某办理房屋过户手续并将系争房屋交付唐某某。另，根据补充协议第三条的约定，系争房屋交易所产生的相关税费应由唐某某承担。就唐某某要求俞父、俞某某支付律师费1万元的诉请，因买卖合同补充条款（一）第三条关于律师费损失的相关约定系适用于乙方（唐某某）行使合同解除权并追究甲方（俞父、俞某某）违约责任的情形，本案中唐某某系要求继续履行合同故并不适用该条约定，对其该项诉请，本院不予支持。就唐某某要求俞父、俞某某支付迟延过户违约金的诉请，因买卖合同补充条款（一）第三条对甲方（俞父、俞某某）违反合同约定义务，经乙方（唐某某）催告后，每逾期一日需向乙方支付总房价款万分之五的违约金，故俞父、俞某某应承担自合同约定的办理过户手续之日的次日即2016年11月1日起的相应违约金。

【**实务案例7**】多人共有，部分人无权出售。

上海市宝山区人民法院审理黄某某、张玲某与张佳某、叶某某房屋买卖合同纠纷〔案号：（2016）沪0113民初17171号〕时认为：

本案的争议焦点在于原被告就系争房屋所签订的房屋买卖合同是否为各方的真实意思表示，是否合法有效。

该房屋系登记为被告叶某某和张佳某共有的不动产，如若对该房屋做出处分，则须以全部共有人取得一致意见为前提。根据本案查明的事实，在洽谈和签订系争房屋买卖合同之前，权利人之一的叶某某已因犯罪被判刑，并一直在服刑期间，张佳某及其委托人张财某，自始至终未提供任何证据证明对房屋的出售系叶某某本人的意思表示，也未出具任何授权委托书以证明叶某某对房屋买卖系明知。被告叶某某在答辩状中明确其对房屋出售一节此前不知，事后也不予认可。根据法律规定，没有代理权、超越代理权或者代理权终止后的行为，只有经过被代理人的追认，被代理人才承担民事责任。

综上，本案的房屋买卖合同因未经产权人之一的叶某某同意，依法应确认为无效。故原告起诉要求继续履行买卖合同，要求两名被告配合完成过户等诉讼请求，缺乏法律依据，本院难以准许。鉴于原告明确不要求处理无效后果，故本案中不做处理，原告有权另行主张。

【实务案例8】冒充房东,合同无效。

上海市浦东新区人民法院审理邱某某、刘某玉、刘某君与刘某丰、钱某某房屋买卖合同纠纷〔案号:(2017)沪0115民初68535号〕时认为:

本案被告钱某某在审理中陈述作为卖售人一方的原告邱某某及案外人刘某某的签字系由被告刘某丰代签,但签订《买卖合同》时所持有的由系争房屋共有人邱某某、刘某某委托被告刘某丰代为处理系争房屋出售事宜的《公证书》经出具该《公证书》的公证机关核实系他人冒充所为已被撤销。审理中,原告邱某某未对被告刘某丰代为出售其系争房屋中份额的行为予以追认,也没有证据证明案外人刘某某生前同意由被告刘某丰代为出售其系争房屋中份额,故本院认定出售系争房屋非作为系争房屋共有人的原告邱某某及案外人刘某某的真实意思表示,被告刘某丰代原告邱某某及案外人刘某某就系争房屋的出售签订《买卖合同》的行为属无权代理。原告主张本案的《买卖合同》无效的请求,具有法律依据,本院予以支持。被告钱某某辩称《买卖合同》有效,其系善意取得系争房屋,但被告钱某某未能提供相应的证据证明,故其辩称意见,本院不予采信。

对于原告要求被告钱某某、刘某丰配合原告办理将系争房屋产权恢复登记至原告邱某某、案外人刘某某及被告刘某丰名下的手续以及要求被告钱某某涤除系争房屋上抵押的请求,因系争房屋上现设有债权190万元的抵押登记,而抵押权的涤除涉及案外人,故原告要求恢复登记及要求涤除抵押权的请求,本院不予支持,原告可依法另行诉讼。

审理中被告钱某某主张如果法院认定《买卖合同》无效,要求原告邱某某、案外人刘某某、被告刘某丰、交易中心及公证处共同承担损失责任,因被告钱某某的该主张意见涉及案外人,故本院对《买卖合同》无效的后果在本案中不做处理,被告钱某某可依法另行处理。被告刘某丰经本院合法传唤无正当理由未到庭应诉,视为放弃诉讼权利,由此产生的后果自负。

【实务案例9】借名买房,合法有效。
上海市松江区人民法院审理赵某某与陆某某、裴某某房屋买卖合同纠纷〔案号:(2018)沪0117民初19345号〕时认为:

当事人应当按照约定全面履行自己的义务。根据原告、第三人班某某与两名被告于2016年10月6日签订的《买房协议书》可以认定原告、第三人班某某与两名被告之间系借名购房关系,《买房协议书》系双方当事人的真实意思表示,应属有效。根据查明的事实,本案的首付系由第三人班某某刷卡支付,房贷也是由原告及第三人班某某按月归还的,之后房屋也由原告及第三人班某某接收、装修并居住,故双方之间的借名买房合同实际已经履行。现第三人上海佘山乡村俱乐部有限公司明确房屋已经具备过户条件,故对原告要求办理过户的诉讼请求,两名被告应按照《买房协议书》的约定提供支持。

鉴于原告与第三人班某某已经离婚,二人对于系争房屋做出了处分,系争房屋归原告所有,而原告现已与第三人杨某某登记结婚,原告及第三人杨某某也承诺其并非限购对象,故原告要求将系争房屋登记在原告及第三人杨某某名下,并无不当,本院予以准许。

目前系争房屋上尚有未还清的贷款及银行抵押权,故原告自愿归还全部贷款,第三人中国银行股份有限公司上海市闸北支行应就原告的还款给予配合,并在贷款还清后将抵押权予以涤除。在抵押权涤除后,第三人上海佘山乡村俱乐部有限公司应给予配合将系争房屋过户至两名被告名下，之后再由两名被告将上述房屋过户登记至原告及第三人杨某某名下。第一次过户中所产生的税费由原告、第三人班某某及杨某某共同负担，第二次过户中所产生的税费由原告及第三人杨某某负担。

根据《中华人民共和国民事诉讼法》的规定，当事人有答辩并对对方当事人提交的证据进行质证的权利。本案被告裴某某经本院合法传唤，无正当理由拒不到庭应诉，视为其放弃了答辩和质证的权利。

据此，依据《中华人民共和国合同法》第六十条第一款、《中华人民共和国民事诉讼法》第一百四十四条之规定，判决如下："一、原告赵某某于本判决生效之日起十日内向第三人中国银行股份有限公司上海市闸北支行还清上海市松江区洞泾镇洞塔路×××弄×××号1—3层房屋剩余贷款本息、罚息及违约金，第三人中国银行股份有限公司上海市闸北支行负有配合协助义务；二、第三人中国银行股份有限公司上海市闸北支行于上述房屋贷款还清之日起十日内配合被告陆某某、裴某某办理将上海市松江区洞泾镇洞塔路×××弄×××号1—3层房屋上抵押权登记涤除的手续，原告赵某某、第三人杨某某可就此项判决申请强制执行；三、第三人上海佘山乡村俱乐部有限公司于上述第二项抵押权登记涤除之日起十日内协助被告陆某某、裴某某将位于上海市松江区洞泾镇洞塔路×××弄×××号1—3层房屋产权变更登记至被告陆某某、裴某某名下（过户中产生的所有税费由原告赵某某、第三人班某某、杨某某负担），原告赵某某、第三人杨某某可就此项判决申请强制执行；四、被告陆某某、裴某某于上述房屋产权过户登记至其名下之日起十日内协助原告赵某某、第三人杨某某将上述房屋产权过户登记至原告赵某某、第三人杨某某名下（过户中产生的所有税费由原告赵某某、第三人杨某某负担）。

第二章
房屋基本情况

第二章 房屋基本情况

一 条款内容

第一条 甲乙双方_____，由乙方受让甲方自有房屋及该房屋占用范围内的土地使用权（以下简称房地产），房地产具体状况如下：

（一）甲方依法取得的房地产权证号为：_____。

（二）房地产坐落：_____室号（部位：_____），房屋类型：_____结构：_____。

（三）房屋建筑面积：_____平方米，另有地下附属面积：_____平方米，该房屋占用范围内的土地使用权_____平方米。

（四）房屋平面图和房地产四至范围见附件一。

（五）该房屋占用范围内的土地所有权为_____；国有土地使用权以_____方式获得。

（六）随房屋同时转让的设备（非房屋附属设备）及装饰情况见附件二。

（七）甲方转让房地产的相关关系（包括抵押、相邻、租赁等其他关系）见附件五。

甲方保证已如实陈述房地产权属状况、设备及装饰情况和相关关系，乙方对甲方上述转让的房地产具体状况充分了解，自愿买受该房地产。

二 条款解读

本条款是对交易房产基本情况的描述，内容包括居间中介公司名称、经纪人名字、房地产权证号、房屋坐落、房屋类型、房屋建筑面积、土地使用权面积、土地性质（国有/集体）、取得方式（划拨/出让）等。房屋平面图和房地产四至范围、装修装饰、相关关系等放在附件中详细描述。

三 签约技巧

1.此处填写的中介公司、经纪人与实际办理居间业务的公司、经纪人可能不同。

2.房屋坐落要逐字核对，通常的叫法和交易中心的标注可能存在差异。

3.你可能觉得房屋类型是公寓还是办公楼无所谓，不可能因此出现问题，然而实务中经常因此出现纠纷，且出现纠纷后可能无法调解。

4.房屋面积房地产权证上有记载，但也要做一下粗略的测量。土地使用权面积能记载的也要尽量记录清楚，出现问题后同样会影响你的使用，比如别墅的花园、车库等的面积。

5.土地性质通常是国有，取得方式通常是出让，一旦不是这些类型就要格外注意。

6.对于中介公司相关资料、经纪人名片、居间协议的敲章等信息要确认清楚,若有疑问,一定要向中介公司提出并核实,因为中介公司的实力大小直接影响服务质量,决定造成损失之后其是否有能力赔偿。

7.遇到房产证上的坐落地址与房屋的实际地址不一致的情况时可能会导致房屋无法顺利交易,需要做出相应的变更手续。

8.对住宅、公寓、商用、商住、办公楼等概念要了解清楚,要清楚自己买房的用途。2017年闹得沸沸扬扬的商住两用房,其中一些业主很明确是为了居住才买,但实际合同上注明所购房屋是办公楼,不仅居住功能无法实现,而且办公楼和公寓的价格也有着天壤之别。

9.房产证上标注的面积通常是准确的,但二手房通常是按套交易,因此还可能存在面积误差的问题,老王建议你随身带个尺子,量一量,确保面积没有误差。人们对于房屋占用范围内的土地使用权面积很少关注,尤其是在"两证合一"①的地方,人们通常因为很多户业主共用某些土地,对于其具体面积也就不在意了。但实践中,有人按别墅面积为200平方米、土地使用面积为400平方米支付费用,但产证办理后土地面积仅为300平方米,导致自己的围墙、花园、车库等被认定为违章建筑而予以拆除。

10.土地性质和取得方式通常是国有出让,如果看到"集体""划拨"等字眼要格外谨慎,这些房产的交易除了增加烦琐的交易流程,通常还有可能需要额外支付土地出让金、税费等。

---

① "两证合一"指土地使用证和房屋所有权证合二为一,成为不动产登记证。

四 常见争议

【实务案例1】 多个中介参与,以身份、工作量确定。

上海市嘉定区人民法院审理上海展华房地产经纪事务所(简称展华公司)与刘某某、喻某居间合同纠纷〔案号:(2020)沪0114民初9020号〕时认为:

居间合同是居间人向委托人报告订立合同的机会或者提供订立合同的媒介服务,委托人支付报酬的合同。关于中介公司的主体资格问题,本院认为,刘某某、喻某与系争房屋的购买人签订《房地产买卖居间协议》《上海市房地产买卖合同》,能够证明中介公司为刘某某、喻某与购房人之间建立了房屋买卖关系,虽然刘某某、喻某对展华公司的主体资格存有疑问,但有居间方为其提供居间服务是可以认定的事实。在本案中,可能提供居间服务的主体有三个:居安公司(案外人)、展华公司及创林公司(案外人)。根据庭审陈述及现有证据,创林公司仅使用其密钥协助交易双方进行网签,并未提供其他居间服务。居安公司出具了《情况说明》,对居安公司和展华公司之间的关系予以说明,居安公司同时申明系争房屋系由展华公司提供居间服务,其不会向刘某某、喻某主张佣金。展华公司就《房地产买卖居间协议》居间方处盖有居安公司印章,而《佣金确认书》却盖有展华公司印章一事亦做出了合理的解释;且刘某某、喻某认可居间经办人为储某某,展华公司亦出具《情况说明》证明储某某系其公司员工,在此情况下,能够认定系展华公司为系争房屋提供居间服务。

居间人促成合同成立的，委托人应当按照约定支付报酬。本案中，刘某某、喻某与案外人徐某在展华公司居间介绍下签订了《房地产买卖居间协议》，该协议具备房地产买卖合同的主要条款，双方即买卖双方对房屋买卖的主要事项达成一致，因此展华公司已居间成功。关于中介费金额问题，本院考虑到房地产居间服务的内容广泛，除了提供房产信息、协助磋商交易细节、促成买卖双方订立房屋买卖合同外，还应包括协助办理网签、房屋产权过户以及房屋交接验收等后续服务，居间方只有在完成全部的服务内容后，才可以收取全额佣金，展华公司并未完成全部的居间服务，应酌情扣减佣金金额。同时，展华公司作为专业的房地产居间公司，理应规范自己的居间服务，其居间服务存在瑕疵，应酌情减佣金。综合本案情况，本院酌定刘某某、喻某需支付佣金18000元。

【**实务案例2**】房屋类型与普通住宅不同，合同解除。

上海市浦东新区人民法院审理张某与蒋某某房屋买卖合同纠纷〔案号：（2018）沪0115民初91309号〕时认为：

本案的争议焦点问题有二：第一，系争房屋（包括家具）在2018年11月12日的市场总价值为658.432万元，如何折算为被告（反诉原告）蒋某某的到手价？第二，原告（反诉被告）张某是否具备解除合同的条件？

关于第一个焦点争议问题，系争房屋（包括家具）在2018年11月12日的市场总价值为658.432万元，该价值为税费各付前提下的价格。如果要换算成此市场总价值下的被告（反诉原告）蒋某某的到手价，则需要将市场总价值658.432万元减去被告（反诉原告）蒋某某应当承担的税费。作为出售方，被告（反诉原告）蒋某某应当承担增值税和个人所得税,又应系争房屋属于非普通住宅,故增值税=(核定计税价格-买入价)÷1.05×5%=(658.432万元-98万元)÷1.05×5%=26.6872万元,个人所得税=(核定计税价格-增值税)×2%=(658.432万元-26.6872万元)×2%=12.6349万元,增值税和个人所得税合计39.3221万元,进而系争房屋市场总价值658.432万元换算成被告(反诉原告)蒋某某的到手价为619.1099万元,与合同约定的被告(反诉原告)蒋某某的到手价710万元相比,相差90.8901万元。此差额为合同解除后被告(反诉原告)蒋某某有关系争房屋的实际价格损失。

第二个焦点争议问题,原告(反诉被告)张某主张其解除合同的理由为被告(反诉原告)蒋某某未能告知系争房屋性质,导致其不能申请30年期限的银行贷款,从而无法继续履行合同。本院认为,原告(反诉被告)张某获知系争房屋的性质以及具体使用年限的途径有四种:其一,被告(反诉原告)蒋某某告之;其二,中介工作人员告之;其三,被告(反诉原告)蒋某某或中介出示房地产权证、原告(反诉被告)张某查看;其四,原告(反诉被告)张某阅读《上海市房地产买卖合同》相应条款。在本案中,被告(反诉原告)蒋某某将房地产权证交付中介工作人员,中介工作人员曾向原告(反诉被告)张某出示过。同时,无论《房地产买卖(含居间)协议》还是《上海市房地产买卖合同》,均有房地产权证的编号,而且,前者第二条明确提醒若本条描述的该房地产与实际情况不符或不详尽,则以该房地产权属证明或相关法律文书的记载内容为准,后者第三条明确了该房屋占用的国有土地使用权的使用年限从2008年4月3日起至2043年1月26日止,所以,原告(反诉被告)张某无论是查看房地产权证,还是阅读《房地产买卖(含居间)协议》和《上海市房地产买卖合同》,均可获知系争房屋的性质和使用年限。此外,被告(反诉原告)蒋某某和原告(反诉被告)张某地位对等,均不是二手房买卖领域的专业人士，在被告（反诉原告）蒋某某已经提供房地产权证供原告（反诉被告）张某核实、合同约定明确的情形下，不能再赋予被告（反诉原告）蒋某某主动告之系争房屋性质和使用年限的额外义务。综上，在被告（反诉原告）蒋某某没有隐瞒、提供房地产权证供原告（反诉被告）张某核实的情形下，作为贷款申请人的被告（反诉原告）蒋某某更应关注系争房屋性质和使用年限，因其自身原因未能获知房屋性质和使用年限，过错在自己。此外，根据合同约定，贷款不足，原告（反诉被告）张某应以现金补足，故贷款申请不下来，也不是原告（反诉被告）张某不履行合同的正当条件。

当事人一方不履行合同义务或者履行合同义务不符合约定的，应当承担继续履行、采取补救措施或者赔偿损失等违约责任。因反诉被告张某是不继续履行合同的过错方，反诉原告蒋某某提出的判决确认解除其与反诉被告张某于2017年6月4日签订的《上海市房地产买卖合同》及《补偿协议》的反诉请求，具备法律和事实依据，本院予以支持；关于反诉原告蒋某某提出的判决反诉被告张某立即支付其违约金142万元的反诉请求，对于违约金金额，尽管反诉被告张某未就违约金过高直接请求予以酌情调整，但是在其具体的辩论意见已经体现了酌情调整的意见，进而本院以系争房屋实际价格损失90.8901万元为基础，兼顾合同的履行情况（反诉被告张某于2017年6月向反诉原告蒋某某支付房价款200万元，至今已二年有余，故反诉原告蒋某某因合同解除而获取了相应利息收入）、当事人的过错程度以及预期利益等综合因素，根据公平、诚实信用原则予以衡量，酌情将违约金金额由反诉原告蒋某某主张的142万元调低至69万元。相应地，原告张某提出的解除双方就上海市浦东新区龙居路××弄××号××室房屋签订的《上海市房地产买卖合同》的诉讼请求，无事实和法律依据，本院不予支持。关于原告张某提出的被告蒋某某返还其购房款200万元的诉讼请求,具备事实和法律依据,本院予以支持。

【实务案例3】 明知存在两种面积,共同分担责任。

上海市黄浦区人民法院审理周某某与管某某、刘某某房屋买卖合同纠纷〔案号:(2013)黄浦民四(民)初字第1104号〕时认为:

根据本案查明的事实,原、被告在2013年2月6日已知系争房屋存在65.02平方米和61.44平方米两个建筑面积的情况,此时,无论买卖双方还是中介方均应先搁置合同的签订,弄清事情原委后再决定是否继续后面的一系列程序,但作为系争房屋的权利人即原告却没有这样做,相反,其与被告签订《补充协议》,故本院认为,原、被告之间房屋买卖真实,不存在重大误解的事实。根据《中华人民共和国合同法》第五十四条第一款第(一)项的规定,原告要求撤销合同的诉请,不予支持。关于被告要求继续按约定价款履行合同的主张,本院认为依法应予支持。

对于先后两本产证所记载面积的差额部分的对价,本院认为,在出现两种面积的情况下,作为房屋买受人同样负有弄清原委的义务,第三人作为专业中介公司,未能履行如实报告的义务,在面积存疑的情况下仍促成双方交易,显有过错,为彰显公平交易,该部分损失可根据造成该损失的责任程度由原、被告及第三人分担。为避免讼累,本院一并予以处理。被告其余诉讼请求,不予支持。第三人上海和邦房地产经纪有限公司经本院合法传唤无正当理由拒不到庭,不影响本院依据查明的事实依法做出判决,据此,根据《中华人民共和国合同法》第六十条、第四百二十五条第二款及《中华人民共和国民事诉讼法》第一百四十四条的规定，判决如下："一、原告（反诉被告）周某某与被告（反诉原告）管某某、刘某某应于判决生效后十日内继续履行《上海市房地产买卖合同》；二、原告（反诉被告）周某某要求撤销其与被告（反诉原告）管某某、刘某某签订的《上海市房地产买卖合同》的诉讼请求，不予支持；三、被告（反诉原告）管某某、刘某某应于判决生效后十日内支付原告（反诉被告）周某某房价损失款22000元；四、第三人上海和邦房地产经纪有限公司应于判决生效后十日内支付原告（反诉被告）周某某房价损失款44000元；五、被告（反诉原告）管某某、刘某某要求原告（反诉被告）周某某支付逾期过户违约金的诉讼请求，不予支持；六、被告（反诉原告）管某某、刘某某要求原告周某某支付逾期交房违约金的诉讼请求，不予支持。"

【实务案例4】 二手房买卖一般按套计算价格。

上海市第一中级人民法院审理顾某某与上海某某物业发展公司房屋买卖合同纠纷〔案号：（2012）沪一中民二（民）终字第2945号〕时认为：

上诉人与被上诉人于1998年6月签订的《购房合同》中仅约定了房屋总价，并未涉及房屋每平方米的单价，因此，尽管系争房屋《购房合同》上载明的建筑面积与产证面积不一致，但系争房屋是按套计算房屋价格的，而非按单位面积的单价计算房屋总价，故上诉人现按产证面积及其自行估算的单价要求被上诉人退还减少部分面积的购房款，缺乏依据，本院不予支持。原审法院根据查明的事实所做的判决并无不当，本院予以维持。

【实务案例5】明知房屋以划拨形式取得并订立合同却要求撤销合同，不予支持。

上海市第二中级人民法院审理王某与徐某某房屋买卖合同纠纷〔案号：（2019）沪02民终8871号〕时认为：

本案主要争议在于王某签订《房地产买卖合同》是否存在重大误解。首先，签订《房地产买卖合同》时徐某某出示了房地产权证及不动产登记簿，文本中载明土地使用权取得方式为划拨。且王某自述合同订立时已查阅房地产权证及不动产登记簿，对房屋及土地现有状况有所了解。其次，虽然买卖合同所列房地产具体情况为出让方式，但同时也注明以不动产登记簿为准。如果王某介意房屋土地使用权出让方式，亦可就其变更情况经房产交易中心咨询后再行签订合同。王某在明知房屋为以划拨方式取得的情况下订立合同，其自始只购买以出让方式取得的房屋的意思表示不明确。最后，土地使用权取得方式对本案所涉房屋的价格不存有影响，也对王某买卖房屋不产生重大的不利后果。据此，王某对系争房屋买卖不构成重大误解，双方买卖合同关系依法成立。王某要求撤销双方签订的《房地产买卖合同》并退还定金，没有事实和法律依据，本院不予支持。就双方于2019年1月9日签订的《房地产买卖合同》，一审法院依法解除，本院在此予以确认。综上，王某的上诉请求不能成立，应予驳回；一审判决认定事实清楚，适用法律正确，应予维持。

【实务案例6】房屋被纳入拆迁，合同解除。

上海市徐汇区人民法院审理刘某某与赵某、宣某某房屋买卖合同纠纷〔案号：（2016）沪0104民初27032号〕时认为：

依法成立的合同，对当事人具有法律约束力。当事人应当按照约定全面履行自己的义务。刘某某与赵某、宣某某签订的房地产买卖合同系双方真实意思表示，对签约双方均具有约束力，双方均应按约履行。现系争房屋因纳入拆迁公告的改造范围而无法办理转让过户手续，双方签订合同的目的无法实现，于2015年12月13日签订解除协议协商一致解除房屋买卖合同，对此本院予以认可。赵某辩称房屋买卖合同于2015年10月15日解除无事实和法律依据，本院不予采信。《中华人民共和国合同法》第一百二十一条规定，当事人一方因第三人的原因造成违约的，应当向对方承担违约责任。当事人一方和第三人之间的纠纷，依照法律规定或者按照约定解决。

本案中，因系争房屋被列入动迁范围，土地使用权已经出让给案外人，刘某某在签订房地产买卖合同前并不知晓系争房屋被列入动迁范围一事。赵某、宣某某虽然没有主观不愿意配合过户的意思表示，但客观上房屋无法完成过户，根据上述法律规定，该风险应由出卖方承担，故赵某、宣某某应当承担相应的违约责任。刘某某主张总房价款20%的违约金并要求赔偿损失80万元，考虑到刘某某在解除系争房屋的买卖合同后即另行购房，且亦未举证其实际损失情况。而刘某某也无证据证明赵某、宣某某在签订房屋买卖合同之前知晓系争房屋存在权利限制，具有主观过错。故现赵某、宣某某不同意支付违约金和赔偿损失，由本院兼顾合同的履行情况、当事人的过错程度、预期利益等综合因素，根据公平原则和诚实信用原则予以衡量，酌情确定违约金的具体数额。

【实务案例7】 面积误差较大，法院予以调整。

上海市徐汇区人民法院审理刘某某与赵某、宣某某房屋买卖合同纠纷〔案号：（2016）沪0104民初27032号〕时认为：

涉案的买卖合同系双方当事人自愿签订，内容不违反法律、行政法规的禁止性规定，合法有效，双方均应恪守。

本案争议焦点之一是原告是否应该支付系争房屋实测面积与合同约定面积误差3.41平方米的面积差价款及该面积差价的计算标准。对此，本院认为，虽然，买卖合同约定系争房屋的建筑面积是74平方米，同时又注明以房地产权证为准，但是对于产证面积与合同约定面积如有误差该如何处理并未约定，现原告称110万元是打包价，对此，被告不予认可，而原告所述的补充条款一第四条第三款的约定只是限制被告方擅自加价，并不能证明原告的该主张，同时原告也未提供其他证据予以证明，本院不予采信。现系争房屋的产证面积比合同约定的面积多了3.41平方米，鉴于双方对该误差的处理未做约定，且面积误差较大，故依据公平原则，原告应当按照购房时的价格向被告支付面积差额款。被告要求原告按目前的市场价支付面积差额款，依据不足，本院不予支持。

本案争议焦点之二是被告是否逾期过户。系争房屋是动迁配套商品房，自2018年2月16日起可以交易过户，被告在接到中介工作人员通知后与原告在中介处就过户事宜进行了商谈，因双方对合同未做约定的产证面积与约定面积发生误差的处理未能达成一致意见，致协商未果，因此未能办理过户的责任不能归责于被告一方，故原告主张被告逾期过户，依据不足，本院不予采纳，原告据此要求被告支付逾期过户违约金，本院不予支持。

被告同意配合原告办理系争房屋过户手续，并无不妥，本院予以准许。原告同意将剩余房款20万元在被告配合原告办理过户手续的当天支付给原告，也无不妥，可予准许。

【实务案例8】卖方谎报房龄要担责。

上海市虹口区人民法院审理季某与唐某某房屋买卖合同纠纷〔案号：（2015）虹民三（民）初字第1165号〕时认为：

当事人订立、履行合同应当遵循诚实信用原则，不得隐瞒与订立合同有关的重要事实或者提供虚假情况。根据证人证言及原告提供的录音证据，可以证明被告在签订居间协议前后确向原告陈述过系争房屋是1987年或1988年的，此述与系争房屋的实际房龄存在将近十年的误差，对原告决定签订居间协议并支付定金具有一定影响。由于系争房屋实际房龄与原告在签订居间协议时获知的信息存在误差，房屋价值、质量都可能与居间协议约定的价格有所差别，对原告申请购房贷款及将来可能的售房都存在影响，故被告在订立合同的过程中负有缔约过失责任，其要求原告再支付定金26000元的反诉请求，缺乏事实和法律依据，本院不予支持。因原告已认可豪美房产向原告退还的2万元及在佣金中抵扣的6000元作为定金，故其要求被告返还剩余定金24000元的诉讼请求于法有据，本院予以支持。

第三章
转让价格

一 条款内容

第二条 甲、乙双方经协商一致,同意上述房地产转让价款共计人民币为_____元,(大写):_____。

乙方的付款方式和付款期限由甲、乙双方在付款协议附件三中约定明确。乙方交付房价款后,甲方应开具符合税务规定的收款凭证。

二 条款解读

本条款是对交易房产转让款也就是总房价的约定,是房产交易的核心条款。

三 签约技巧

1.实践中,该价格通常会出现3种情况:
①实际交易价格;
②做低的价格;
③做高的价格。

2.实际交易价格通常是双方的真实意思表示，对此，根据自己的经济实力量力而行就好。

3.做低房价，一般是为了少缴税费，看似占了便宜，实际上存在两方面的风险：

①房产交易税费的增加；

②少缴税费违反国家法律规定，该条款在法律上无效。此种方式在实务中最为常见。

4.做高房价，主要是为了少付首付款、多从银行贷取款项，解决自己的资金问题。存在三方面的风险：

①房产交易税费的直接增加；

②高评高贷存在银行贷款审批无法通过、逾期付款的风险；

③伪造假的首付款凭证及相关资料，违反国家法律规定。该条款在法律上无效。后果严重者，直接构成犯罪。

5.价格是否合理的判断标准：对于明显不合理的低价，实务中,应当以交易当地一般经营者的判断，并参考交易当时交易地的物价部门指导价或者市场交易价，结合其他相关因素综合考虑价格是否合理，转让价格达不到交易时交易地的物价部门指导价或者市场交易价70%的，一般可以视为明显不合理的低价。

四 常见争议

【实务案例1】做低房价，合同部分无效。

上海市松江区人民法院审理顾某某、高某某与郑某房屋买卖合同纠纷〔案号：（2020）沪0117民初7540号〕时认为：

原、被告对解除就系争房屋建立的房屋买卖合同均无异议，但对被告应否承担定金罚则存在分歧。原告认为，被告拒绝交易导致合同无法继续履行，应承担相应责任。被告则称，虽拒绝出售系争房屋，但一则双方所签合同做低房价应属无效，二则受疫情影响父母需至系争房屋处居住，故不应承担赔偿责任或应减免赔偿。对此，本院做如下认定。

首先，从双方所签《房地产买卖补充协议》来看，双方就系争房屋本次交易的真实价格为453万元，而《上海市房地产买卖合同》上约定的转让价335万元存在为避税而故意做低房价之嫌，故双方有关做低房价的约定内容无效。但有关做低房价约定内容的无效并不影响《上海市房地产买卖合同》其他部分的法律效力，该合同除做低房价内容之外的内容对签约当事人具有约束力，双方均应恪守，故被告关于合同无效继而无须承担相应责任的意见，于法无据，本院不予采信。

其次，被告在签约并收取了20万元定金后，未能按约履行配合办理贷款等相关义务，继而表示不再出售系争房屋，理由为受疫情影响父母需在系争房屋内居住，此显非被告有权拒绝履约的合理抗辩。

综上，被告由自身原因导致交易未能进行，应向原告承担双倍返还定金的责任。原告的诉讼请求于法有据，本院予以支持。

【实务案例2】做高房价，合同部分无效。

苏州市吴中区人民法院审理陆某伟、陆某韵与曹某某房屋买卖合同纠纷〔案号：（2019）苏0506民初5798号〕时认为：

依法成立的合同，对当事人具有法律约束力。原、被告签订的买卖合同已明确约定房屋坐落、实际成交价格、付款方式、交房时间等，具备房屋交易的主要内容，系双方真实意思表示，应为合法有效。但是，其中关于备案价的条款，目的在于获取更多的银行贷款，以房屋交易的合法方式掩盖骗取贷款的真实意图，应为无效。合同部分无效，并不影响其他部分的效力。从合同实际履行情况来看，双方尚未办理网签手续，并申请贷款。在被告对备案价提出疑问后，原告已多次表示可按合法程序进行贷款，如不能办理贷款，同意全款购买。可见，原告已同意将备案价调整为按实际成交价履行合同，买卖合同具备继续履行的可能。被告主张中介与原告存在串通损害，并无证据，被告仍应按约履行合同有效部分的对应义务。

被告于双方就备案价达成合意时未提出异议，并签字确认，主观上明知或应知该条款内容。该合同尚未申请贷款，被告就已自行判断原告并无贷款能力，缺乏事实依据，并不符合不安抗辩权的适用条件。被告以合同违规违法、原告贷款能力不足要求解除合同的理由无法成立。从聊天记录看，原告从未同意解除合同，而是多次催促被告履行义务，双方就此未能协商一致，被告发出的解除通知并未产生法律效力。原告提出按合法程序贷款，甚至可以全款购买后，被告在原合同尚未解除的情况下将房屋再次出售，构成违约。该房屋已登记至他人名下，原、被告签订的买卖合同已不能实现合同目的。原告要求解除该合同，合法有据，予以支持，解除时间以原告变更诉讼请求之日即2019年7月18日为准。合同解除后，尚未履行的部分，终止履行。原告已支付的200000元定金，被告应予退还。

因被告违约导致买卖合同未能履行，原告购房目的落空，有权要求被告赔偿差价损失。原告于2019年7月18日提出解除合同，申请对房屋价格进行评估，以该日作为价值时点，并无不当。经评估，涉案房屋价值7518696元，与该合同的实际成交价的差额为458696元。原告要求被告进行赔偿，符合法律规定，予以支持。评估费58695元，系原告自行决定同时对两套房屋的价值做出评估，但无法确定东湖林语的房屋价值与本案存在直接关联，该部分评估费应由原告自行承担。根据相应价值比例，本院酌定由原告负担19076元，被告负担39619元。至于律师费60000元，双方签订的合同对律师费的负担并无明确具体的约定，原告要求被告承担，缺乏合同依据，不予支持。

【实务案例3】为骗取银行贷款而签订的合同全部无效。

上海市宝山区人民法院审理吴某某与席某某房屋买卖合同纠纷〔案号：（2019）沪0113民初9987号〕时认为：

意思表示真实系民事法律行为的一项生效要件，因此房屋买卖合同有效的前提必须是买卖双方具备买卖房屋的真实意思。就本案而言，虽然原、被告签订了房屋买卖合同，也办理了过户手续，但本院可以从双方签订的协议书、买卖合同签订及履行情况认定，原、被告之间并无房屋买卖的真实意思，双方签订合同并办理系争房屋过户手续的真实意图是从银行取得贷款。因此，系争《上海市房地产买卖合同》因欠缺双方当事人就房屋买卖的真实意思，可认定为无效。依据法律规定，合同被确认无效后，因该合同取得的财产应当予以返还，因系争房屋已经被依法拍卖，现原告主张扣除银行贷款本息、拍卖费、评估费及执行费后，系争房屋拍卖款的余款归其所有，符合法律规定，本院予以支持。

【实务案例4】通过虚假交易骗取款项构成诈骗。

上海市第二中级人民法院审理王某、陆某某、朱某犯诈骗罪一案〔案

号:(2020)沪02刑终609号〕时认为:

2009年9月,被害人赵1经胡某某(另案处理)介绍向被告人王某借款,并签订借款金额为22万元的借条,实际到手17万元。同年11月,赵1因无力还款,被迫接受王某及胡某某所提出的通过将其位于上海市虹口区广中路××号××室房屋用于虚假交易的方式骗取的银行贷款用于平账。

2010年3月2日,被告人王某伙同被告人陆某某、朱某及胡某某、杨某某(另案处理)等人以还清银行贷款后即可将房屋归还为名,诱骗被害人赵1与陆某某签订房地产买卖合同并将价值78.07万元的该房屋过户至陆某某名下,并骗取银行贷款40万元,除支付给赵15万元外,其余钱款被分用。后陆某某与朱某分别于2014年4月至2016年1月间多次将该房屋抵押、借款,后在无法归还借款时于2016年4月1日将该房屋以120万元出售给杨某某。2019年5月29日,被告人王某、陆某某被公安机关抓捕归案;同年6月4日,被告人朱某被公安机关抓捕归案。到案后,王某、陆某某、朱某均如实供述了犯罪事实。

陆某某、朱某与他人结伙,以非法占有为目的,虚构事实,隐瞒真相,骗取他人财物,数额特别巨大,其行为均已构成诈骗罪,依法应予以惩处。王某、陆某某、朱某到案后能如实供述自己的罪行,且朱某能认罪认罚,可分别情节对各被告人从轻处罚。在共同犯罪中,陆某某在无实际出资的情况下,伙同他人诱骗被害人赵1将位于虹口区广中路××号××室的房产过户至其名下,并骗取银行贷款,从中获利。后又将上述房产经朱某介绍多次抵押、借款,直至最后出售,获取钱款。上述行为系相关诈骗犯罪的重要环节,故陆某某在本案中并非起到次要或者辅助作用,不应认定为从犯。原判认定事实清楚、证据充分。原判根据王某、陆某某、朱某各自犯罪的事实、性质、情节以及对社会的危害程度等，依法所做的判决并无不当，且审判程序合法。王某、陆某某的上诉理由及辩护人的辩护意见，与事实不符，于法无据，本院不予采纳。朱某申请撤回上诉及上海市人民检察院第二分院决定撤回抗诉，符合法律规定，本院予以准许。

【实务案例5】 名为买卖，实为赠与。

上海市虹口区人民法院审理许某云、史某某与许寅某房屋买卖合同纠纷〔案号：（2016）沪0109民初22046号〕时认为：

本案的争议焦点为原、被告签订《房地产买卖合同》时双方的真实意思表示为买卖还是赠与。

第一，原、被告签订的《房地产买卖合同》确实十分简单，异于寻常，该合同仅约定房款及过户时间，对付款方式、付款期限、违约责任等重要条款均未做具体约定，该合同的约定不符合一般房地产买卖的交易习惯。

第二，原告虽主张原、被告双方签订《房地产买卖合同》的真实意思表示为买卖，但其并无证据证明其在合同签订前就房款的给付与被告达成合意、签订过书面协议，且在被告未支付任何房款的情况下，原、被告双方仍办理了产权过户手续，原告仍将系争房屋三分之一产权份额过户至被告名下。

第三，在2016年5月系争房屋的三分之一产权份额过户至被告名下后，原、被告及第三人于2016年6月再次就系争房屋签订《房地产买卖合同》，将系争房屋产权份额变更为许某云占9%、史某某占9%、许容某占22%、许慧某占27%、许寅某占33%，被告所占产权份额基本未变，原、被告及第三人均确认此次买卖系名为买卖实为赠与的行为，而两份合同除了约定房款及过户时间外,其余条款均为空白,结合前后两份《房地产买卖合同》的内容以及合同履行情况,均符合以房屋买卖合同为形式实现赠与目的之行为的特点。此外,在原、被告对系争房屋产权份额进行第一次变更后,直至原、被告及第三人签订《房地产买卖合同》对系争房屋产权份额再次变动时,原告未向被告主张51万元房价款,直至起诉前一个月原告才委托律师向被告发出催款律师函。

综上,考虑到原、被告之间系父母子女关系,身份关系特殊,《房地产买卖合同》本身并不足以证明合同双方系房屋买卖关系,被告表示双方名为买卖、实为赠与的抗辩意见较为可信,本院予以采纳。原告以被告未支付房款为由主张解除买卖合同缺乏事实和法律依据,本院不予支持。若原告对赠与行为持有异议,可依法另行解决。

【实务案例6】 名为赠与,实为买卖。

北京市西城区人民法院审理吴某利、吴某玲与郭某才、郭某贤、郭某花、郭某印房屋买卖合同纠纷〔案号:(2019)京0102民初3989号〕时认为:

吴某利、吴某玲主张吴某永与郭某长、魏某某就涉案房屋存在买卖合同关系,郭某才、郭某贤、郭某花、郭某印在此前诉讼中,亦认可吴某永与郭某长、魏某某之间名为赠与实为买卖关系,故本院对此不持异议。

本案中,双方争议的焦点应为购买方吴某永是否已支付了房屋的价款,本院从以下四点进行分析。

第一,郭某长、魏某某已在购买房屋当时将涉案房屋交给吴某永一方，并办理了将房屋所有权赠与吴某永的公证，此举表明郭某长、魏某某已将房屋使用权和所有权完全让与了吴某永。

第二，郭某长、魏某某在世期间，从未向吴某永主张过购房款。

第三，吴某永一方因放弃拆迁安置的房屋，有另行购买房屋的资金来源。

第四，吴某利、吴某玲陈述的交易过程，比如现金支付等符合当时的交易习惯。

由此本院认定，吴某永购买了郭某长、魏某某的涉案房屋，并已支付了全部购房款。郭某长、魏某某去世后，涉案房屋已由郭某才、郭某贤、郭某花、郭某印继承共有，现吴某利、吴某玲要求郭某才、郭某贤、郭某花、郭某印协助办理涉案房屋产权过户手续，理由正当，本院予以支持。此前双方诉讼中，吴某利、吴某玲按照赠与合同起诉，终审判决未改变案由审理，而是以不存在赠与合同为由驳回了吴某利、吴某玲的诉讼请求，二审并未从实体上处理买卖合同事项，因此，本院对郭某才、郭某贤、郭某花、郭某印的此项抗辩意见，不予采纳。

【实务案例7】以房价过高为由解除合同，法院不支持。

上海市闵行区人民法院审理丁某某与朱某某、德佑房地产经纪有限公司（简称德佑公司）房屋买卖合同纠纷〔案号：（2015）闵民五（民）初字第1300号〕时认为：

原、被告签订的《房地产买卖居间协议》是双方当事人的真实意思表示，内容未违反法律、行政法规的强制性规定，合法有效，当事人应依据诚实信用的原则全面履行。该协议签订当日，原告按约向被告朱某某支付了2万元定金，以担保房屋买卖合同的签订。

现本案的争议焦点为：一是两名被告是否存在欺诈？二是上述2万元的定金是否应予返还？

关于第一项争议焦点，本院认为，根据《中华人民共和国合同法》第五十四条的规定，一方以欺诈、胁迫的手段或者乘人之危，使对方在违背真实意思的情况下订立的合同，受损害方有权请求人民法院或者仲裁机构予以变更或者撤销。所谓欺诈，是指当事人一方故意制造虚假或歪曲的事实，或者故意隐匿事实真相，使表意人陷入错误而做出意思表示的行为。现本案中，原告主张两名被告存在欺诈行为的主要依据为房屋的价格过高，但根据本案查明的事实，原告在《房地产买卖居间协议》中确认已查验房屋的全部信息、户型分布等实际情况，说明原告对于房屋的权利状况、室内的布局、装修情况等是知晓、清楚的，并且原告认为是符合其自身购房需求的，进而在被告德佑公司的居间撮合下，与被告朱某某共同签订了居间协议。故居间协议所约定的内容（包括房屋价格）均是原告基于对该房屋客观情况的了解及对自身主观需求的评价与被告朱某某自由协商的结果。在此过程中，并未有证据证明两名被告有故意制造虚假事实或者故意隐匿事实真相的行为。原告作为具有完全民事行为能力的人，经其签字确认的《房地产买卖居间协议》中的各项条款当然对其具有约束力。再者，在房屋买卖中，因房屋的年限、位置、楼层、装修等因素各有差异，故而也不能简单以该房屋的价格与同类地区房屋的平均价格的对比，即认为价格过高或过低。故原告主张两名被告对其欺诈并不符合客观事实，原告要求撤销并终止《房地产买卖居间协议》的诉讼请求，本院不予支持。

关于第二项争议焦点，本院认为，基于上文论述，两名被告并不存在欺诈，故原告以两名被告对其进行欺诈为由而未继续履行居间协议、未与被告朱某某签订房屋买卖合同，显属原告违约，故被告朱某某有权按约没收该笔2万元定金。原告要求返还定金的诉讼请求,于法无据,本院不予支持。

据此,依据《中华人民共和国合同法》第八条、第五十四条、第一百零七条、第一百一十五条,《中华人民共和国担保法》第八十九条,《最高人民法院关于适用〈中华人民共和国担保法〉若干问题的解释》第一百一十五条,《最高人民法院关于民事诉讼证据的若干规定》第二条之规定,判决如下:"驳回原告丁某某的全部诉讼请求。"

第四章

土地使用权的转让

一 条款内容

第三条 甲方转让房地产时，土地使用权按下列第_____款办理。

（一）该房屋占用的国有土地使用权的使用年限从_____年_____月_____日起至_____年_____月_____日止。甲方将上述房地产转让给乙方后，出让合同载明的权利、义务一并转移给乙方。

（二）按照中华人民共和国法律、法规、规章及有关规定，乙方应当办理土地使用权出让手续并缴纳土地使用权出让金。

（三）_____。

二 条款解读

本条款是对交易房产土地性质的描述，包括国有出让、划拨和其他情况：出让是常态；划拨一般需要补缴土地使用权出让金；其他情况可以另行注明。

另外，关于土地使用年限：居住用地为七十年；工业用地为五十年；教育、科技、文化、卫生、体育用地为五十年；商业、旅游、娱乐用地为四十年；综合或者其他用地为五十年。

三 签约技巧

1.严格区分国有出让土地和划拨土地,两者交易手续烦琐程度不同,另外,划拨土地还需要补缴土地使用权出让金。土地使用权出让金一般按标定地价的40%收取,但不同用途土地的计算方式不同,详情建议咨询当地国土资源局或者房产交易中心。

2.补缴土地使用权出让金自然成为办理房产过户的前置条件,通常情况下,不补缴就可能无法办理过户手续。

3.划拨土地还会引起对方合同无效的抗辩,造成不必要的诉累。

4.商品房建设用地原则上应该以招标、拍卖、挂牌等有偿方式取得,严格限制以划拨方式设立建设用地使用权。转让房地产时,以划拨方式取得的建设用地使用权必须经国土资源管理部门审批,办理土地使用权出让手续,并依照国家有关规定缴纳土地使用权出让金。

5.交易前,要核实房产证、土地证或者交易中心最新的产调信息,核实清楚土地权属性质是不是国有建设用地使用权、使用权取得方式是不是出让、土地用途是不是住宅用地等土地状况信息,尽量将风险降到最低。

四 常见争议

【实务案例1】土地使用年限缩水,酌情赔偿。

浙江省杭州市余杭区人民法院审理徐某某、叶某某与浙江嘉丰房地产开发有限公司（简称嘉丰公司）房屋买卖合同纠纷〔案号：（2019）浙0110民初11203号〕时认为：

案涉房屋买卖合同系双方当事人真实意思表示，不存在违反法律、行政法规强制性规定的情形，故应当认定为有效，双方当事人均应照约履行。案涉合同约定的土地使用权年限为50年，但嘉丰公司实际交付的商品房的土地使用权年限为40年，嘉丰公司辩称系因其工作人员工作失误造成，本院不予采信。嘉丰公司未交付合同约定的商品房，其构成违约，应当承担违约责任，但对因嘉丰公司违约所造成的损失，应由原告承担举证责任。本院根据本案的情形，确定嘉丰公司赔偿原告损失8950.5元，原告主张按照其交付房款的20%计算损失，缺乏法律依据和事实依据，故本院不予支持。

【实务案例2】厂房土地使用年限缩水，酌情赔偿。

江苏省徐州市铜山区人民法院审理徐州中矿数字化矿山技术研究所（简称中矿研究所）与江苏永安置业有限公司（简称永安置业公司）房屋买卖合同纠纷〔案号：（2020）苏0312民初989号〕时认为：

首先，中矿研究所与永安置业公司之间签订的《徐州安全科技产业园高标准厂房销售合同》系双方真实意思表示，但合同中约定土地使用权年限是自2015年8月14日起至2065年8月13日止，永安置业公司交付的房屋土地使用权年限至2058年6月28日止，与合同约定不符。永安置业公司虽抗辩其不存在恶意违约的情形，中矿研究所亦没有实际损失，但在目前法律没有明确自动无偿续期、中矿研究所依约履行了合同义务的情况下，有权向永安置业公司主张违约赔偿责任。

其次，根据《中华人民共和国城镇国有土地使用权出让和转让暂行条例》第十二条规定，土地使用权出让最高年限按下列用途确定：一是居住用地七十年；二是工业用地五十年；三是教育、科技、文化、卫生、体育用地五十年；四是商业、旅游、娱乐用地四十年；五是综合或者其他用地五十年。本案中，中矿研究所、永安置业公司双方签订的合同中载明，涉案土地用途为工业用地，故中矿研究所有理由相信案涉土地的使用权年限为五十年。

最后，根据《中华人民共和国合同法》第一百零七条规定，当事人一方不履行合同义务或者履行合同义务不符合约定的，应当承担继续履行、采取补救措施或者赔偿损失等违约责任。现土地实际使用权年限与合同约定不一致，永安置业公司应承担违约责任。关于违约责任承担的方式，因土地使用权年限如何续展及续展费用尚不明确，结合永安置业公司多收取的土地成本等因素，永安置业公司赔偿中矿研究所的损失计算方式具有合理性，酌定支持中矿研究所损失98820元。

综上，遂判决："永安置业公司于判决生效后十日内赔偿中矿研究所损失98820元。"

江苏省徐州市中级人民法院审理中矿研究所与永安置业公司房屋买卖合同纠纷〔案号：（2020）苏03民终4812号〕时认为：

第一，永安置业公司是2018年5月15日与中矿研究所签订的本案三份厂房销售合同，而涉案厂房所涉土地使用权系其之后于2018年6月29日与徐州市国土资源局签订《国有建设用地使用权出让合同》取得的，且根据永安置业公司的陈述，其取得涉案土地使用权前该土地使用权登记在他人名下，登记的土地使用权年限是五十年即2015年8月14日到

2065年8月13日。故根据现有事实，可以确认永安置业公司与中矿研究所签订本案厂房销售合同时并非明知所涉土地使用权年限是四十年而告知中矿研究所是五十年，即永安置业公司本案中不构成欺诈，中矿研究所的该项上诉主张，本院不予支持。

第二，永安置业公司与中矿研究所签订的本案三份厂房销售合同约定的土地使用权年限是五十年，即2015年8月14日起至2065年8月13日止，而实际交付厂房后的土地使用权年限是四十年，即2018年6月29日起至2058年6月28日止，致使中矿研究所收到厂房后剩余的土地使用权期限比约定的期限少七年左右。因中矿研究所购买的应当是完全产权，由于目前对于非住宅建设用地使用权期限届满后如何续期尚不明确，故永安置业公司仍需承担违约责任。在违约责任的承担方式上，可以责令出卖人退还多收取的土地成本、支付续展费用、续展或补足土地使用权年限。

本案中，中矿研究所的诉讼请求是永安置业公司赔偿其损失，但目前非住宅建设用地使用权期限届满后如何续期尚不明确，即永安置业公司退还中矿研究所缺少年限的相应土地成本外，中矿研究所是否存在其他损失及具体数额不能确认。故一审法院判决永安置业公司返还中矿研究所十年的土地成本98820元，已经完全补偿中矿研究所目前的损失，中矿研究所诉请的此数额之外损失，本院不予支持。

【实务案例3】登记为出让，实际为划拨，补缴出让金。

上海市第一中级人民法院审理冯某与上海房地（集团）有限公司（简称上房公司）房屋买卖合同纠纷〔案号：（2016）沪01民终10283号〕时指出：

一审法院认为双方签署的《上海市房地产买卖合同》及补充条款即

《××大厦办公楼拍卖特别说明》是双方当事人真实意思表示，应为合法有效，双方均应按照约定履行自己的义务。

关于土地使用权出让金。第一，根据双方约定，若拍卖标的房地产本次交易过户及房地产转移登记以补缴土地使用权出让金为前置条件的，或应由标的转让人补缴土地使用权出让金的，由标的转让人承担存量房补地价手续中所发生的一切费用（包括补缴土地使用权出让金）。第二，根据评估报告，评估对象包括房屋及土地，上房公司依据该评估报告进行资产拍卖，冯某受让房屋及土地使用权，并支付相应的对价。第三，上房公司在拍卖时出示的登记日为2012年11月2日的房产证在土地使用权取得方式上记载为"出让"，在房屋类型处登记为"办公楼"。虽然系争房屋所对应的土地使用权实际并未办理有偿使用手续，但冯某有理由相信上房公司出售给冯某的系争房屋所对应的土地使用权为有偿取得，冯某受让后不存在补缴相应土地使用权出让金的问题。虽然合同补充条款中就土地使用权出让金做出相关说明，但并不能就此排除冯某对不动产登记的信赖。结合交易习惯，上房公司作为出卖方，应负有将土地使用权取得方式保持为出让状态的义务。冯某要求上房公司补缴土地使用权出让金，于法有据，法院予以支持。

双方发生争议后，产权过户及房屋交接并未完成，上房公司负有继续履行的义务。冯某请求判令上房公司协助办理产权过户及房屋交接手续，法院予以支持。

双方已于2015年2月12日申请产权过户，在不动产登记机构审核期间，双方为土地使用权取得方式发生争议，以致交易中断。鉴于合同补充条款对土地使用权出让金已做出了有别于一般交易的说明，双方纠纷的起因在于双方在土地使用权取得方式上产生分歧。现双方通过诉讼解决纷争，在此情形下，冯某请求判令上房公司支付迟延过户及交房的违约金，法院不予支持。

一审法院据此判决："第一，上房公司应于判决生效之日起十日内办理上海市长宁区××路××号××室房屋的土地使用权出让金补缴手续（土地使用权出让金由上房公司负担），并协助冯某办理上述房屋的产权过户手续，将上述房屋产权转移登记至冯某名下；第二，上房公司应在上述房屋产权转移登记至冯某名下之日起三个工作日内协助冯某办理上述房屋的交接手续，将上述房屋交付给冯某；第三，驳回冯某的其余诉讼请求。"

本案二审的争议焦点为上房公司目前是否需要承担补缴土地使用权出让金的义务以及上房公司是否需要承担迟延过户及交房的违约责任。

关于缴纳土地使用权出让金的问题。冯某和上房公司在合同补充条款中约定："若拍卖标的房地产本次交易过户及房地产转移登记以补缴土地使用权出让金为前置条件的，或应由标的转让人补缴土地使用权出让金的，由标的转让方承担存量房补地价手续中所发生的一切费用（包括补缴土地使用权出让金）。拍卖成交且拍卖标的登记至买受人名下后，若买受人对拍卖标的再行转让涉及补缴土地使用权出让金的，应补缴的土地使用权出让金由本次拍卖标的转让方承担。"因此，双方现就目前情况下是否属于办理过户以补缴土地使用权出让金为前置条件产生争议和分歧。冯某认为房地产交易中心已明确只有在上房公司补缴土地使用权出让金后系争房屋才能取得"出让"性质的房地产权证，故已经属于以补缴土地使用权出让金为前置条件的情形，并提供了相应的证据佐证。上房公司对此虽有异议但并未提供相反的证据予以推翻。对此本院认为，不动产物权以登记为公示方式。系争房屋土地使用权取得方式为"出让"，冯某有理由相信上房公司向其交付的房屋的土地使用权取得方式亦应为"出让"，鉴于目前情况下不补缴土地使用权出让金不能取得"出让"性质的房地产权证,故应当认定已经符合合同约定的房地产转移登记以补缴土地使用权出让金的前置条件,上房公司应当补缴土地使用权出让金。一审法院判决上房公司办理系争房屋的土地使用权出让金补缴手续,并无不当。上诉人上房公司的相关上诉理由,本院不予采信。

关于上房公司是否需要承担迟延过户及交房的违约责任的问题。如前所述,正是因为双方对于目前是否属于必须由上房公司补缴土地使用权出让金的情形有不同的理解,继而引发诉讼,并非上房公司违约,故冯某要求上房公司支付迟延过户及交房的违约金的请求,本院亦难以支持。

【实务案例4】明知土地使用年限,视为接受现状。

上海市杨浦区人民法院审理潘某某、吴某某与贺某房屋买卖合同纠纷〔案号:(2017)沪0110民初1281号〕时认为:

依法成立的合同,对当事人具有法律约束力,当事人应当按照约定履行自己的义务。原告向被告出售系争房屋,并已办理产权变更登记,被告应按照约定支付购房款,并在原告完成交房后支付尾款。关于被告反诉要求原告赔偿因系争房屋类型及土地性质变化导致的损失,本院认为,原房地产权证记载房屋类型为新工房,新不动产权证记载为公寓,均系居住用途,被告提供的证据不足以证明系争房屋类型发生变化,且给被告造成损失。

关于土地用途和使用期限的变化,本院认为,虽然被告提供了其与原告代理人的电话录音等证据,但原告对证据的完整性提出异议,且录音均为被告取得不动产权证后形成,无法证明原告在出售系争房屋时承诺被告系争房屋土地使用年限为七十年。被告作为购买方,理应在明确房屋及土地使用状况后购买房屋。被告在未确认系争房屋土地使用年限的情况下,与原告签订买卖合同,应视为其认可并接受原有的土地使用状况。被告要求原告支付房屋类型及土地性质变化导致的损失,无事实和法律依据,本院不予支持。

关于原告主张的逾期付款违约金,原告已履行完毕主要合同义务,被告仅以房屋类型和土地性质存在争议为由拒绝履行合同主要义务,本院不予支持。本院考虑银行发放贷款需要时间以及双方就交易过程中税费的负担存在争议,酌情确定被告自2017年2月1日起支付逾期付款违约金,并对违约金计算标准予以调整。

关于系争房屋交易税费,虽然《购房居间合同》约定交易税费全部由购买方负担,但之后买卖双方签订的登记备案的《上海市房地产买卖合同》约定税费各自负担,应视为双方对税费负担做了变更,被告反诉要求原告返还垫付的税费应予支持。对于被告反诉主张的租金损失,被告自2017年4月起方需实际支付,且原告未交房的原因系被告申请的购房贷款未实际发放,被告该项反诉请求无事实和法律依据,本院不予支持。

【实务案例5】逾期办理土地使用权过户,不一定担责。

福州市鼓楼区人民法院审理马某某与福建泛联房产经纪有限公司(简称泛联公司)、高某某、欧某某房屋买卖合同纠纷〔案号:(2015)鼓民初字第301号〕时认为:

原告马某某与被告高某某的代理人欧某某在泛联公司居间服务下所签订的《房地产经纪合同》及补充协议,系三方当事人真实意思表示,不违反法律法规禁止性规定,合法有效。当事人在履行合同过程中,应遵循诚实信用原则，根据合同目的、交易习惯履行各自义务，本案中双方在讼争房屋交接方面发生争执，影响了合同的履行，双方可通过友好协商解决纠纷。

现本案中原告以被告高某某未协助办理土地使用权证过户手续为由要求三名被告连带赔偿违约金4万元，但原告并无证据表明被告高某某及其代理人欧某某存在拒绝协助其办理土地使用权证过户的事实；同时，双方在所订立的合同中亦无相关土地使用权证过户的约定，以及相应违约责任承担的约定，故原告主张三名被告连带赔偿违约金4万元缺乏事实和法律依据，本院不予支持，依法予以驳回。被告高某某经本院合法传唤无正当理由拒不到庭应诉，本院依法缺席审理和判决。

依据《中华人民共和国合同法》第六条，《中华人民共和国民事诉讼法》第六十四条第一款、第九十二条、第一百四十四条之规定，判决如下：驳回原告马某某的诉讼请求。

第五章
交房方式

第五章 交房方式

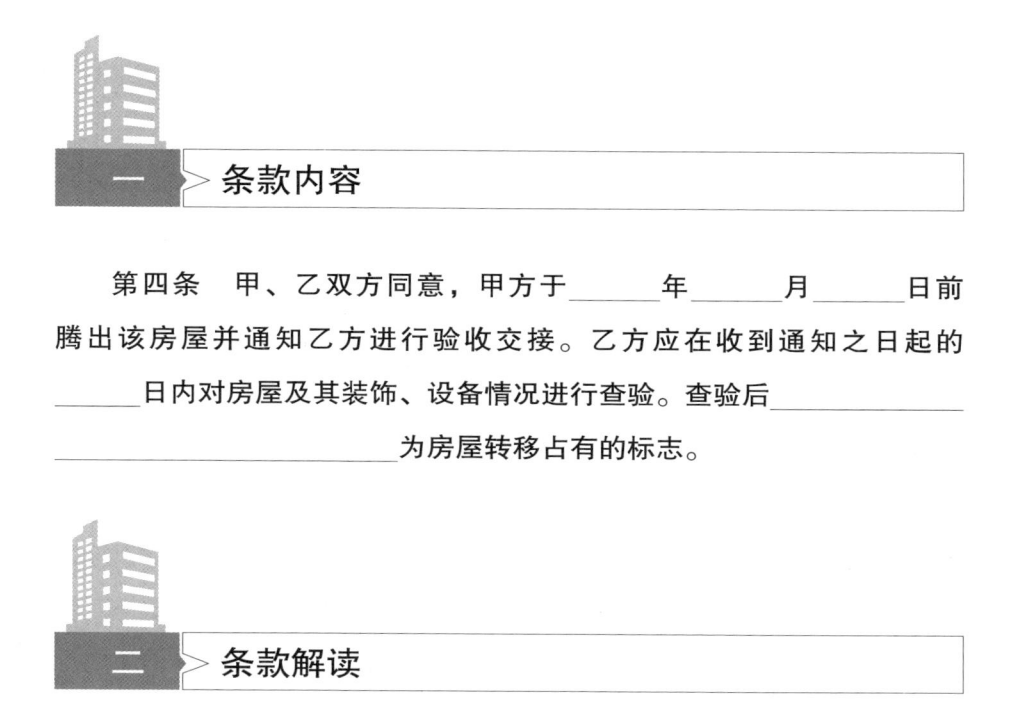

一 条款内容

第四条　甲、乙双方同意，甲方于_____年_____月_____日前腾出该房屋并通知乙方进行验收交接。乙方应在收到通知之日起的_____日内对房屋及其装饰、设备情况进行查验。查验后_____为房屋转移占有的标志。

二 条款解读

本条款是对交房时间、办理入住交接手续的约定。条款看似简单实则弥足重要，实务中经常出现到期不腾房的尴尬局面，更严重的是此类问题处理难度很大。

三 签约技巧

1.卖方一定要合理计划，按交房时间做好准备工作，一旦逾期交房，要承担违约责任，支付违约金。

2.根据本条约定，卖方应当履行通知买方验收交接的义务，一旦出现纠纷，可能会因为自己没能通知对方，或者无法证明已经通知对方而陷入被动。

3.转移占有的标志通常有两种：一种是签订交接书，另一种是交钥匙。交钥匙虽然简单直接，但没有涉及交付细节，所以建议选择签订交接书作为房屋转移占有的标志。签订交接书时一定要注意条款内容，因为交接书通常是中介事先准备好的格式文本。

4.对交房时间的约定要深思熟虑，一定要给自己留足够的时间。

5.合同约定明确的通知方式，如短信、微信、邮件、书面通知函、送达地址等，最好约定发出即视为送达，否则，可能会因为对方恶意拒收而无法送达。

6.签订交接书时要谨慎。比如，本来违约方存在逾期交房行为，按合同约定应当向守约方支付违约金，但交接书约定：甲方已经将该房地产及合同附件所列之附属设施、设备交付乙方，经乙方验收后认为甲方的交付行为完全符合该合同所规定的交付时间、条件及标准，乙方同意接收。

上述约定很容易被理解为：守约方在验收房屋时认可违约方交付行为符合合同约定的时间、条件及标准，即守约方同意并接受违约方逾期交付房屋的行为，守约方如果想主张对方逾期交房的违约金，会因该约定而得不到法院的支持。

四 常见争议

【实务案例1】出售唯一住房，居住需付租金。

上海市浦东新区人民法院审理顾某某与杜某某房屋买卖合同纠纷〔案号：（2017）沪0115民初20798号〕时认为：

原、被告签订的《房地产买卖合同》系双方真实意思表示，且不违反法律、行政法规的强制性规定，合法、有效，双方当事人均应遵循合同的约定，全面履行义务。

现被告未按约交付系争房屋并仍旧在其中居住使用，属于违约，原告要求被告交付系争房屋，应予支持。原告要求被告迁出系争房屋的诉请，已为交付房屋诉请所包含，故本院不再赘述。原告主张的租金损失，实际为参照租金标准要求被告赔偿的损失，合法有据，本院予以支持，结合双方对系争房屋月租金标准的意见，本院酌情确认被告按照每月1500元的标准，赔偿原告2016年10月1日起至实际交付系争房屋之日止的损失。

【实务案例2】租约未到期，无法按时交房构成违约。

上海市普陀区人民法院审理查某与徐某房屋买卖合同纠纷〔案号：（2019）沪0107民初12580号〕时认为：

原、被告就系争房屋签订的《上海市房地产买卖合同》是双方真实意思表示，双方均应按照约定全面履行。原告按照合同约定支付了全部购房款；但被告隐瞒系争房屋出租情况，导致原告在支付全部房款并取得系争房屋产权证书之后无法实际占有、使用系争房屋，构成违约，应当承担相应的违约责任。因被告失去联系，未能妥善处理交房事宜，原告为维护自身权益，与第三人达成解约协议，并为此支付了相应的费用，应当视为被告逾期交付房屋造成的损失，现原告据此主张该笔损失，考虑到第三人与被告之间对于租赁合同提前解除违约金的约定、被告的过错程度等因素，本院予以支持。

关于户口迁出违约金，被告未能按照合同约定，在原告取得产权证书之后五日内,办理系争房屋内的户口迁出手续,应当按照合同约定承担违约金,原告已经于2019年4月29日办理系争房屋内的被告和第三人户口迁出手续,无法确认被告和第三人户口的具体迁出时间,考虑到办理户口迁出手续行政审批的时间不应全部归责于被告,综合上述因素对被告应当承担的户口迁出违约金的数额予以认定。徐某经本院合法传唤无正当理由拒不到庭参加诉讼,视为其放弃全部答辩权利,不影响本案的依法裁判。

【实务案例3】隐瞒重大质量问题,解除合同、赔偿损失。

上海市第一中级人民法院审理李某某、仲某某、李某某1与吴某房屋买卖合同纠纷〔案号:(2012)沪一中民二(民)终字第3222号〕的情况如下:

一审法院认为,依法成立的合同,对当事人具有法律约束力。当事人应当按照约定履行自己的义务,不得擅自变更或者解除合同。本案中,吴某与李某某方签订的《上海市房地产买卖合同》系双方真实意思表示,双方当事人均应恪守。虽然《上海市房地产买卖合同》中对于系争房屋的质量未进行明确约定,但根据诚实信用原则及交易习惯,出卖方提供的系争房屋应符合相关的规范要求,具有正常的使用功能。

本案的主要争议焦点在于,吴某要求解除《上海市房地产买卖合同》的条件是否成立?对此,法院认为,首先,合生国际花园一期3幢和5幢至10幢楼现状完损检测报告系开发商泽宇公司因发现包括系争房屋在内的房屋存在问题而委托有关具有资质的鉴定机构做出的,在双方签订合同之前,鉴定机构已经进行现场检测,故该报告可适用于本案系争房屋。其次,松江区洞泾镇长兴东路×弄61号房屋质量检测鉴定报告系法院委托有关具有资质的鉴定机构对61号房屋所做出的,因鉴定过程中将7幢楼作为一个整体,相关的数据及结论均是针对7幢楼的,故该份报告同样适用于本案系争房屋。再次,结合上述两份鉴定报告可以看出,系争房屋在出卖之前,南北向平均倾斜率已经超过国家及地方有关规范关于同类建筑结构倾斜限值4‰的要求,并呈持续扩大之势;系争房屋的沉降及倾斜将会影响其主体结构安全。最后,李某某方辩称签订房屋交接书之日后系争房屋的所有风险均已转移给了吴某,但所谓的"风险"是指不可归责于双方当事人的事件或行为对标的物产生的影响,且该风险是对于将来的预期,即签订合同时,风险尚未产生。但双方签订合同之时,系争房屋已存在上述的质量问题,严重影响吴某对系争房屋的使用,故对于李某某方的辩称意见,法院不予采信。综上,李某某方的行为已然构成根本违约,致使吴某不能实现合同目的,符合法定解除条件。吴某据此主张解除合同合法有据,法院予以支持。

合同解除后,对于已经履行部分,应以恢复原状为原则,故李某某方应返还吴某已付房款548万元,吴某应将系争房屋返还李某某方,并在清偿系争房屋抵押贷款后,协助李某某方将产权过户至其名下。

关于吴某主张的赔偿佣金、契税及房款、佣金、契税的利息损失,系属因李某某方违约造成吴某的损失,李某某方理应赔偿。但关于房款的利息损失,因吴某分三次支付房款,分别为2011年7月6日支付20万元,7月10日支付145万元,8月3日支付383万元,故房款利息损失中以165万元为本金部分自2011年7月10日起算,以383万元为本金部分自2011年8月3日起算。

原审法院审理后于2012年10月16日做出判决:一是解除原告吴某与被告李某某、仲某某、李某某1于2011年7月10日签订的《上海市房地产买卖合同》;二是被告李某某、仲某某、李某某1于本判决生效之日起十五日内返还原告吴某房款548万元;三是原告吴某于本判决生效之日起十五日内向被告李某某、仲某某、李某某1返还坐落于上海市松江区洞泾镇长兴东路×弄合生国际花园62号房屋;四是原告吴某于本判决生效之日起十五日内向中国工商银行股份有限公司上海市松江支行清偿上述房屋抵押贷款的本金和利息,并办理抵押权登记注销手续,原告吴某于上述房屋抵押权登记注销之日起十日内协助被告李某某、仲某某、李某某1办理上述房屋的产权过户手续;五是被告李某某、仲某某、李某某1于本判决生效之日起十五日内赔偿原告吴某佣金54800元、契税164400元及房款、佣金、契税的利息损失(其中,以165万元为本金自2011年7月10日起算,以383万元为本金自2011年8月3日起算,以54800元为本金自2011年8月3日起算,以164400元为本金自2011年8月10日起算,均按中国人民银行同期贷款利率计算至被告实际支付之日)。如果负有金钱给付义务的当事人未按本判决指定的期间履行给付金钱义务,应当依照《中华人民共和国民事诉讼法》第二百二十九条之规定,加倍支付迟延履行期间的债务利息。案件受理费51774元,由被告李某某、仲某某、李某某1负担。

二审法院认为,鉴于上诉人李某某、仲某某、李某某1与被上诉人吴某在签订《上海市房地产买卖合同》之前,开发商泽宇公司已经发现包括系争房屋在内的合生国际花园7幢房屋墙体倾斜较大而委托专业检测机构进行检测,明确系争房屋南北向倾斜,向南平均倾斜率8.21‰;之后在审理他案中又经鉴定,明确房屋向南倾斜率在7.87‰~15.80‰,平均倾斜率10.60‰,超过国家同类建筑结构倾斜限值,影响主体结构安全;尤其是本案审理中鉴定人员又向法院明确系争房屋南北向整体向南倾斜,平均倾斜率10.60‰,影响房屋主体结构安全。

综上,本案房屋质量问题,非经过修缮即可解决的房屋一般瑕疵。

鉴此，李某某方交付的房屋将使吴某居住、使用系争房屋的合同目的无法实现，因此李某某方构成根本违约，吴某据此要求解除双方合同，合法有据，应予支持，同时国家法律规定，李某某方还应当承担返还房款、赔偿利息及其他费用的责任。

【实务案例4】 隐蔽瑕疵或者不是刻意隐瞒，不承担责任。

上海市徐汇区人民法院审理于某某与任某某、王某某房屋买卖合同纠纷〔案号：（2018）沪0104民初19053号〕时认为：

原、被告签订的房屋买卖合同，系当事人真实意思表示，合法有效，双方应恪守履行。原告认为被告刻意隐瞒房屋真实情况，但从双方陈述中可看出，原告实际去现场察看房屋，发现房屋有吊顶，被告也无法刻意隐瞒。原告提供的证据不足以证明房屋内存在的管道严重影响其生活居住和房屋质量，且原告据以主张的违约责任条款也不适用于房屋内存在管道的情形，原告的诉讼请求缺乏合同和法律依据，对原告的该项诉讼请求本院不予支持。被告已经于2018年8月14日将户口迁出系争房屋，根据合同约定，原告应当向被告支付剩余的房款30万元。原告未按约付款已构成违约。但考虑到原告未支付尾款事出有因，故对被告主张逾期付款违约责任的诉讼请求本院不予支持。

【实务案例5】 房屋未交付，不能取得占有权。

上海市徐汇区人民法院审理李某与张某、贾某某排除妨害纠纷〔案号：（2020）沪0104民初599号〕时认为：

李某系基于与张某的买卖合同而取得产权人身份。在系争房屋仍未实际交付的情况下,李某未基于买卖合同取得房屋占有,该双方之间的买卖合同尚未履行完毕。现李某直接依据其房屋所有权人身份起诉张某、贾某某排除妨害,无法律依据。李某在与张某之间买卖合同关系下享有的权利,其可另行主张。在李某未基于买卖合同取得包括房屋占有权能在内的全部所有权权能的情况下,其向张某、贾某某主张占有使用费无法律依据。故本院对李某的全部诉讼请求均不予支持。

【实务案例6】一般的质量瑕疵,不足以推翻房屋交易。

上海市闸北区人民法院审理周某某与魏某、王某房屋买卖合同纠纷〔案号:(2015)闸民三(民)初字第105号〕时认为:

依法成立的合同,对当事人具有法律约束力。当事人应当按照约定履行自己的义务,不得擅自变更或者解除合同。原、被告签订的《上海市房地产买卖合同》系双方真实意思表示,于法不悖,均应按约履行。

根据双方在审理中的陈述及证人证言,原告曾两次现场察看系争房屋,也曾发现系争房屋存在墙面起皮等漏水的痕迹,对系争房屋的状况应当负有一般的注意义务。后原告与被告签订了房屋买卖合同及房屋交接书,应视为对房屋交接现状的认可。原告认为被告故意隐瞒漏水等情况,但并未提供证据证明,本院难以采信。但系争房屋由被告交予原告不久,原告即发现该房屋存在向楼下房屋漏水的现象,因该漏水现象并非外观瑕疵,而属于隐蔽瑕疵,被告认为曾告知原告系争房屋渗水的情况,但即使是被告提供的证人证言亦未提及系争房屋存在向楼下渗水的情况;况且,从本案查明的事实来看,原告入住系争房屋后不久,就发现系争房屋存在质量问题,并立即与中介、被告就系争房屋的修复问题进行了协商与沟通。故本院认为作为系争房屋出卖人的被告在出售房屋时存在瑕疵交付的行为，如果合同正常履行，被告理应根据法律规定，就系争房屋的隐蔽瑕疵承担担保责任，赔偿原告相关的修复费用。但本案是二手房买卖合同纠纷，出卖人对买卖标的物的瑕疵所负有的担保责任与一手房有所区别，现被告已履行其首要的交房义务，原告亦应按约履行其付款义务。原告认为，因系争房屋存在严重漏水、漏气的情况导致原告无法实际使用房屋，需借房居住，故原告认为交易有风险，才未缴纳税费和及时办理贷款。但被告提供了系争房屋的电费、煤气单据等信息后，原告又称其确实居住在系争房屋中，原告的陈述前后矛盾，有违基本的民事活动中应当遵循的诚信原则。

本院认为，原告实际在系争房屋中居住，亦使用了煤气及天然气，原告认为存在严重漏气的情况本院难以采信。对于系争房屋的漏水情况，根据《接访联系单》的记载，原告向被告反映后，被告与楼下业主、居委会干部、维修人员拟上门修理，但原告前妻拒绝开门，致修理未成，但就维修事宜双方均未再采取相应的措施，原、被告对此均存在相应的过错。鉴于系争房屋中的漏气、漏水情况并不影响原告实际居住，原告无权行使抗辩权，中止履行其付款义务。

对于付款能力一节，原告仅提供了其前妻刘某某的账户，但原告与刘某某已经离婚，财产相互独立，无法证明原告有继续履约的能力。原告提供的贷款预约单上的日期，亦晚于合同约定的付款及过户时间。考虑到系争合同的实际履行情况，原告延迟付款的行为已经构成了根本性违约，被告反诉要求解除合同于法有据，应予支持。合同解除后，被告已收取的房款100万元应返还原告。因系争房屋确实存在渗、漏水的情况，故司法鉴定费用应由被告承担。综上，原告要求继续履行合同、办理过户手续及要求被告支付相应违约金、修复费用等的全部诉讼请求缺乏事实和法律依据，本院不予支持。

因被告在合同履行过程中亦存在不当之处，对合同解除负有一定责任，故对于违约金一节，本院根据被告的过错程度，酌减为5万元；至于房屋占用费一节，被告的损失已基本涵盖在违约金之中，且被告实际占用的100万元房款所产生的利息，亦应一并返还给原告，两相衡量后，本院认为可以相互抵销，无须另行相互支付。

据此，依照《中华人民共和国民法通则》①第四条，《中华人民共和国合同法》第八条、第九十四条、第一百零七条、第一百一十一条之规定，判决如下："一是原告（反诉被告）周某某与被告（反诉原告）魏某、王某就本市闸北区芷江西路××弄××号××室签订的《上海市房地产买卖合同》解除；二是被告（反诉原告）魏某、王某应于本判决生效之日起十日内返还原告（反诉被告）周某某购房款100万元；三是原告（反诉被告）周某某应于本判决生效之日起十日内给付被告（反诉原告）魏某、王某违约金5万元；四是原告（反诉被告）周某某应于本判决生效之日起十日内搬离上址房屋，将房屋返还给被告（反诉原告）魏某、王某；五是驳回原告（反诉被告）周某某的全部诉讼请求；六是驳回被告（反诉原告）魏某、王某的其余反诉请求。本诉案件受理费2300元由原告周某某负担。反诉案件受理费1850元，由反诉被告周某某负担540元，反诉原告魏某、王某负担1310元。司法鉴定费15000元，由被告（反诉原告）魏某、王某负担。如不服本判决，可在判决书送达之日起十五日内向本院递交上诉状，并按对方当事人的人数提出副本，上诉于上海市第二中级人民法院。"

---

① 自2021年1月1日起《中华人民共和国民法典》施行，《中华人民共和国民法通则》同时废止。

第六章
装饰装修的损害赔偿

一　条款内容

第五条　甲方承诺，自本合同签订之日起至该房屋验收交接期间，凡已纳入本合同附件二的各项房屋装饰及附属设施被损坏或被拆除的，应按被损坏或被拆除的房屋装饰及附属设施_____向乙方支付违约金。

二　条款解读

本条款是对合同签订后，房屋装修装饰被损坏或被拆除而要承担违约责任的约定。

三　签约技巧

实践中，关于装饰装修容易出现以下问题：

1.对装饰装修及附属设施是赠送还是购买约定不清。

2.现状描述不清，比如是否正常运转等。

3.对设施设备的价格及出现问题后的计算方式如何确定约定不清。

4.过高的违约金是否能得到支持。

5.合同附件二中一定要明确设施设备的取得是否需要另行支付费用。

6.设备、装修装饰一定要描述清楚，建议通过拍摄视频、照片等方式记录真实情况。

7.直接对设备、装饰等确定一个合理的市场价，作为以后主张损失的参考。这样可以避免出现问题后，双方对于价值无法达成一致，通过法院鉴定无疑会增加案件的处理时间和难度。

8.约定赔偿较高的违约金具有督促及警示作用，是有必要的，虽然违约金过高会存在被调整的风险。

在二手房买卖中，协议如果没有对特别事项做出特别约定，应该按现状买卖，买卖标的应当包含装修在内。一般，买方在购房前已经实地察看了房屋，应对房屋状况有所了解，所以买方接收房屋的行为可视为对房屋、装修验收合格。

四 常见争议

【实务案例1】破坏装修要赔偿。

上海市松江区人民法院审理侯某某、苏某与王某房屋买卖合同纠纷〔案号：（2018）沪0117民初14287号〕时认为：

依法成立的合同，对当事人具有法律约束力。当事人应当按照约定履行自己的义务，不得擅自变更或者解除合同。原告与被告就系争房屋签订的房地产买卖合同是双方当事人之间的真实意思表示，未违反法律、行政法规的强制性规定，为有效的合同，双方当事人均应恪守。

当事人应当按照约定全面履行自己的义务。因此，原告要求被告向其支付房屋尾款10万元的诉讼请求，本院予以支持。

本案的第一个争议焦点在于被告逾期支付343万元是否应当支付逾期付款违约金。对此，本院认为，按照房屋买卖合同约定，被告应付343万元的期限为2018年3月15日前，但根据原告和被告的微信往来记录，原告同意最晚到4月3日支付，而被告提出的将在4月中旬前支付房款343万元并没有得到原告的同意，且原告在收到343万元前后也没有明确表示放弃逾期付款违约金，被告实际付款日期为4月13日，已经超出了原告所给予的宽限期，则被告应当对逾期支付房款343万元支付逾期付款违约金，期限应为2018年4月3日至4月13日，即逾期11天，按照房屋买卖合同约定的违约金标准，被告应付的该笔房款的逾期付款违约金为1265元。

本案的第二个争议焦点在于对于被告未支付的尾款10万元，被告是否应当支付逾期付款违约金以及应付违约金的期间。对此，本院认为，被告虽认为系争房屋存在交付瑕疵，但是被告却以不恰当的方式进入系争房屋并占有系争房屋，表明被告在2018年8月2日以实际行动取得系争房屋的交付，其再以同时履行抗辩为由拒绝支付房屋尾款的理由不能成立，则被告未予支付尾款10万元的行为应当承担逾期付款责任。至于违约金的起算时点，按照协议约定，双方商定于2018年7月31日交房，但是双方均没有证据显示原告已经在2018年7月31日前履行了通知义务并遭到了被告的拒绝，而根据微信往来记录，原告恰恰是在8月1日系争房屋内等待被告前来办理房屋交接手续，实际上也晚于了双方约定的日期，则被告因其自身原因未能前来收房，原告对此应有容忍义务，况且房屋买卖合同也约定被告可在通知后3日内前来收房，因此本院认为2018年8月2日宜作为原告交房、被告支付尾款的日期，即被告需支付的违约金应自该日起算至被告实际支付之日止，标准按照房屋买卖合同约定以总房价款1150万元的日十万分之一计算，被告对此亦无异议，本院予以确认。

本案的第三个争议焦点在于原告拆除系争房屋内的四盏顶灯和壁炉后交付的房屋是否违反了房屋买卖合同的约定而应当承担违约责任。对此本院认为，首先，关于四盏顶灯，尽管在房屋买卖合同中未明确注明顶灯属于应当交付的范畴，但是按照房屋买卖合同约定，"甲方须保证交房时本合同附件二所列之该房屋内附属设施、设备均能正常使用及室内装饰与签订本合同之日的状况相符"，而原告亦确认系争房屋内原有四盏顶灯，且根据日常生活经验，尽管双方未做出明确的约定，但灯具应属于随房屋一并转让的部分，因此，原告将其拆除构成违约，因未能恢复原状，被告主张原告赔偿这笔损失，于法有据。其次，关于壁炉，亦未在房屋买卖合同中明确约定，从被告提供的照片看，壁炉系使用钉具固定在墙面上，性质上非不可以移动，但是根据原告苏某和被告的微信记录，原告先是表示：壁炉原打算留给被告。结合证人证言，居间方工作人员彭某在双方的微信往来及出庭作证时都表示，原告是答应将壁炉随房屋一并交付给被告的。因此本院认为壁炉需一并向被告予以交付，现原告将壁炉拆除构成违约，因未能恢复原状，被告主张赔偿该笔损失，于法有据。至于四盏顶灯和壁炉的价值，被告并未提供充足的证据予以证明，考虑到系争房屋装修已经多年、屋内物品使用存在折旧的因素，本院认为对于顶灯和壁炉显然不能够按照一般的市场价值来确定，故本院综合考虑系争房屋的装修及使用年限、物品的市场价值，酌情认定原告赔偿被告因拆除四盏顶灯和壁炉而造成的损失6000元。

【实务案例2】赠送物品，损害要赔偿。

上海市第二中级人民法院审理许某某、郑某某与陈某某、罗某房屋

第六章
装饰装修的损害赔偿

买卖合同纠纷〔案号：（2020）沪02民终4545号〕时认为：

一审法院认为，陈某某、罗某与许某某、郑某某之间签订的《上海市房地产买卖合同》系买卖双方当事人真实意思表示，且不违反国家法律、法规规定，当属合法有效，双方应当遵照履行。现陈某某一方已按约支付全部房款，许某某一方亦应按约于2019年3月15日前交付系争房屋，但双方于2019年3月31日和4月15日两次进行房屋交接时，许某某一方均未将系争房屋按照约定的状态进行交付，其中大部分家具家电存在更换和搬离，部分固定装饰装修存在拆除和更换情形，而双方居间协议及买卖合同对转让的家具、家电以及固定设备和装饰装修应随房屋一并交付进行了明确的约定，陈某某一方亦在签约时拍摄了录像，许某某一方在双方首次交接未成时书面承诺恢复原状，但仍未履行，也未进行赔偿，显属违约，陈某某一方有权拒绝接收房屋。后双方在诉讼中于2019年9月3日对系争房屋按现状进行了交接，故现许某某一方无须再交付房屋，但应对逾期交房按约承担相应的违约责任，并对交付时缺失、更换、损坏的家具、家电以及固定装饰装修进行赔偿。

关于逾期交房违约金，许某某一方应按约承担自2019年3月16日至2019年9月3日的逾期交房违约金，关于违约金标准，合同约定过高，法院根据合同履行情况和陈某某一方的实际损失，酌定该项违约金为2万元。关于家具家电和装修损失赔偿，结合双方举证，参考相关物品市场价格，法院酌定许某某一方应向陈某某一方赔偿损失5万元。关于陈某某一方主张的逾期迁出户口违约金，双方合同约定许某某一方应自房屋权利转移之日起60日内向房屋所在地公安派出所办理户口迁出手续，即应于2019年2月27日前迁出，但许某某直至2019年5月2日才将户口迁出系争房屋，应按照合同约定承担逾期迁出户口违约金1280元。

一审法院判决：一是许某某、郑某某应于判决生效之日起十日内偿付陈某某、罗某逾期交房违约金2万元；二是许某某、郑某某应于判决生效之日起十日内偿付陈某某、罗某家具、家电及装饰装修赔偿款5万元；三是许某某应于判决生效之日起十日内偿付陈某某、罗某逾期迁出户口违约金1280元；四是驳回陈某某、罗某的其他诉讼请求。

本院另查明，2019年9月3日双方交接之后，陈某某、罗某向一审法院提交了赔偿明细，具体内容为：①客厅：灯带2根400元、吊灯2个400元、餐椅4把1600元、沙发20000元、茶几2000元、电视机6000元、角柜500元、窗帘800元。②阳台：晾衣架800元、洗衣机4000元、水龙头300元。③主卧：吊扇灯1000元、衣柜5000元、电视机2000元、电视柜1000元、窗帘800元、床及床垫5000元、床头柜2个800元、空调2000元。④次卧：电视机2000元、空调2000元、窗帘500元。⑤门厅：酒架3000元、冰箱8000元。⑥厨房：燃气灶2000元、油烟机3000元、微波炉1000元、增压泵500元、水龙头500元、净水器1000元。⑦卫生间：台盆3000元、淋浴花洒500元。合计81400元。

本院认为，依法成立的合同，对当事人具有法律约束力。当事人应当按照约定履行自己的义务，不得擅自变更或者解除合同。陈某某、罗某与许某某、郑某某签订《上海市房地产买卖合同》之后，许某某、郑某某应当按照约定全面履行交付房屋的义务。双方居间协议中约定：许某某、郑某某赠送空调3台、冰箱1台、热水器1台、洗衣机1台、床2张、衣柜2个、餐桌1套、沙发1套、电视机3台，该房屋内的附属设施、设备及室内装饰。双方买卖合同中约定：固定设备和固定装饰费用包含在合同价内，乙方不需另外支付费用，甲方不得拆除并随房屋交付乙方。而许某某、郑某某在交付房屋时，将家电、家具擅自更换，且拆除了灯、水龙头等一些固定装修，显然有违合同约定，更有违诚信原则，应承担赔偿损失的法律责任。鉴于2019年9月3日双方签署交接清单时,许某某、郑某某已返还大部分物品,一审法院酌情确定许某某、郑某某赔偿损失5万元过高,本院综合考虑双方合同约定以及尚未返还物品价值等因素酌情确定许某某、郑某某赔偿损失2万元。依照《中华人民共和国民事诉讼法》第一百七十条第一款第二项规定,判决如下:一是维持上海市嘉定区人民法院(2019)沪0114民初14411号民事判决第一、第三、第四项;二是撤销上海市嘉定区人民法院(2019)沪0114民初14411号民事判决第二项;三是许某某、郑某某应于本判决生效之日起十日内偿付陈某某、罗某家具、家电及装饰装修赔偿款2万元。

如果未按本判决指定的期间履行给付金钱义务,应当按照《中华人民共和国民事诉讼法》第二百五十三条之规定,加倍支付迟延履行期间的债务利息。

一审案件受理费1777元、财产保全费1270元,合计3047元,由陈某某、罗某负担1713元,由许某某、郑某某负担1334元。二审案件受理费1550元,由陈某某、罗某负担664元,由许某某、郑某某负担886元。本判决为终审判决。

第七章
产权过户

一 ▷ 条款内容

第六条　甲、乙双方确认，在_____年_____月之前，_____向房地产交易中心申请办理转让过户手续。

上述房地产权利转移日期以_____房地产交易中心受理该房地产转让过户申请之日为准。

甲方承诺，在乙方或者委托他人办理转让过户时，积极给予协助。由于甲方故意拖延或者不及时提供相关材料的，乙方按本合同第十条追究甲方的违约责任。

甲、乙双方同意，自本合同签订后，甲、乙双方或其中一方均有权向房地产登记机构办理预告登记。

二 ▷ 条款解读

本条款是对合同签订后，办理过户的时间、权利转移日期、卖方的协助配合义务、办理预告登记的约定。

三 签约技巧

1.过户时间是卖方将房产转移登记到买方名下的时间，过户时间不单纯是日期的约定，而是对于交易中的资金、贷款等核心内容充分衡量、判断之后而做出的理性决定，过早、过晚都可能影响交易的进行。

2.权利转移日期和前文的房屋转移占有有所区别。

3.卖方在办理过户登记中的协助、配合义务及违约责任的约定，包括资料提供、抵押注销等事项。

4.《中华人民共和国物权法》第二十条规定："当事人签订买卖房屋或者其他不动产物权的协议，为保障将来实现物权，按照约定可以向登记机构申请预告登记。预告登记后，未经预告登记的权利人同意，处分该不动产的，不发生物权效力。预告登记后，债权消灭或者自能够进行不动产登记之日起三个月内未申请登记的，预告登记失效。"预告登记制度创设的目的就在于保障买受人预期物权的实现。登记后，不动产的所有人违背预告登记所做的变更或者处分不动产的行为就会无效，预告登记的目的就会实现。

5.过户登记时间一定要留够，合同签订之后一至两个月，买方首付款支付，卖方抵押注销、其他过户障碍清除。

6.房地产权利转移日期严格讲应该在变更登记之日，但实务操作中存在时间差和交易中心流程的时间无法确认，约定在申请之日简单便捷。

7.卖方对过户有配合协助义务，买方要督促卖方及时办理过户手续。因为此时，卖方一般尚未收到全部款项，如果买方要办理贷款，必须先办理过户手续，为避免履行顺序出现争议，约定明确很有必要。

8.预告登记不是房产交易的前置程序,通常作为一项保险措施使用。当不动产协议涉及取得、转移、变更和废止不动产物权请求权等情形时,为保障将来实现物权,可以采用该制度。

四 常见争议

【实务案例1】 未涤除抵押,房屋被查封,要担责。

上海市徐汇区人民法院审理朱某某与李某房屋买卖合同纠纷〔案号:(2020)沪0104民初15501号〕时认为:

原、被告签订的房地产买卖合同,系双方当事人真实意思表示,合法有效,依法成立的合同,对当事人具有法律约束力,双方应当遵循诚实信用原则,按照约定履行自己的义务。

根据房地产买卖合同补充协议约定,双方应在2019年4月30日之前向房产交易中心申请办理转让过户手续,然而被告收到原告支付的首付款后,未履行及时涤除系争房屋上抵押登记的义务,且系争房屋被多家法院查封,双方实际已经无法在合同约定的时间内办理过户手续,对此被告应承担相应的违约责任。现原告要求解除合同,被告亦表示同意,原告要求解除房屋买卖合同及补充协议的诉请,于法有据,本院予以支持。合同解除后,被告收到的购房款理应返还原告。被告不认可原告主张的违约金,本院认为,违约金的金额是否过高或过低应根据合同的履行情况、当事人的过错程度以及预期利益等综合因素考虑,同时结合被告违约给原告造成实际损失,本院根据公平原则酌情确定违约金为20万元。

【实务案例2】 实际占有被查封的房屋,继续履行合同。

上海市杨浦区人民法院审理丁某某与李某房屋买卖合同纠纷〔案号:(2018)沪0110民初5312号〕时认为:

原、被告当事人于2015年7月29日签订的《上海市房地产买卖合同》系双方真实意思表示,且不违反法律、行政法规的强制性规定,应为合法有效,双方均应依约履行。合同明确约定了系争房屋的转让价、交房日期、过户日期、付款方式和违约责任。签订该合同后,被告根据合同约定将系争房屋交付原告居住使用,原告按照付款协议确定的付款节点支付了系争房屋的第一次至第三次付款项目,且实际付款金额与约定金额一致,被告出具了收款事项明确为购房款的收据和收条,确认付款人为原告。合同约定的交易过户日期临近后,原告通过手机短信方式多次催促被告配合办理房产交易过户手续,被告在2017年5月2日、2017年5月10日的回复中均未否认双方买卖房屋的事实,且认可了原告提出的办理交易过户的时间。被告在约定期限内并未依约配合原告办理交易过户手续,并以双方系民间借贷纠纷、不存在房屋买卖事实为由,拒绝履行过户手续,显属违约。现系争房屋上原由徐汇法院做出的司法查封已解封,且原告表示会涤除其设定于系争房屋上的抵押,故原告要求继续履行房地产买卖合同的诉请依法应予支持。被告怠于履行合同义务,应当承担相应的违约责任。因系争房屋已于2017年5月11日被徐汇法院司法查封,故在解封前无法办理交易过户手续,加之原告并无证据证明被告与案外人恶意串通,存在虚假诉讼的事实,考虑到系争房屋已于合同签订后由原告实际居住使用至今,原告对系争房屋的居住、使用权益并未受损,故本院酌定被告支付原告违约金4万元。被告提出双方仅系借贷关系,并签订有《房地产抵押借款协议》,但无法提供存在借贷关系的事实依据，且与被告自行书写的收据、短信回复内容和房屋交接状态等客观事实自相矛盾，故被告的抗辩理由本院不予采信。

【实务案例3】 网上备案不产生预告登记的效力。

上海市第三中级人民法院审理于某某、赵某诉上海市自然资源确权登记局（简称市确权登记局）不动产抵押登记一案〔案号：（2020）沪03行终286号〕时认为：

案涉房屋虽有合同网上备案，但不具有排他性，不产生预告登记的效力，市确权登记局认定案涉房屋权属无争议正确，所做被诉不动产抵押登记符合法律规定。主要理由如下：

首先，根据《中华人民共和国物权法》第九条第一款规定，不动产物权的设立、变更、转让和消灭，经依法登记，发生效力；未经登记，不发生效力，但法律另有规定的除外。案涉房屋产权自买卖合同签订前（包括办理抵押登记前）一直登记在王某名下，具有公示效力，产权明晰。案涉房屋所办理的存量房买卖合同网上备案，系房屋行政管理部门为提高房屋交易信息透明度，规范交易行为，保障交易安全，针对房地产交易环节而采取的行政管理手段，对上诉人与王某签订的房地产买卖合同效力不产生实质影响，不改变买卖合同的债权性质。房屋买受人即上诉人享有的是债权请求权，并非物权，不必然导致案涉房屋权属争议。

其次，合同网上备案并非预告登记，不产生预告登记的效力。根据《中华人民共和国物权法》第二十条第一款规定，当事人签订买卖房屋或者其他不动产物权的协议，为保障将来实现物权，按照约定可以向登记机构申请预告登记。预告登记后，未经预告登记的权利人同意，处分该不动产的，不发生物权效力。本案中，上诉人与王某签订的两份网签协议所附的特别告知（一）第八条均载明：买卖双方当事人签订房地产买卖合同，为保障将来实现物权，按照约定可以向登记机构申请预告登记。因此，网签协议已明确告知，合同网上备案并非预告登记，两者具有不同的法律后果。合同网上备案不能产生预告登记的效力，不能对抗因设立抵押权而可能引起的物权变动。抵押权作为担保物权，具有优于债权的效力。因此，上诉人认为，网签合同以取得房屋产权为目的，其效力优于以保障债权实现为目的的抵押权的意见，有悖于物权、债权的基本法理，本院难以认同。

最后，是否存在合同网上备案并非市确权登记局做出被诉不动产抵押登记时需要审查的内容。根据《不动产登记暂行条例实施细则》第六十六条、第七十一条以及《不动产登记操作规范（试行）》等相关规定，办理不动产抵押应当提交的申请材料并不包括合同网上备案。相关规定亦未将有无网签合同作为不动产登记机构应否做出不动产抵押登记的审核内容。因此，市确权登记局根据上述规定做出被诉不动产抵押登记，适用法律法规并无不当。

因此，市确权登记局认定案涉房屋权属无争议正确，所做被诉不动产抵押登记符合法律规定。

纵观本案相关事实：上诉人先后与王某签订两份房地产买卖合同并办理网上备案（网签协议一、网签协议二），其中，网签协议二已替代网签协议一的约定内容，于被诉不动产抵押登记做出后签订，且协议附件中已有指向被诉不动产抵押登记的信息提示；而现上诉人起诉要求撤销的被诉不动产抵押登记系基于王某与唐某某签订的借款合同和最高额抵押合同。本院认为，在上述相关协议效力未被确认无效或撤销的情况下，相关协议均具有同等法律效力。因此，上诉人依据其签订的房地产买卖合同，要求撤销基于借款合同和最高额抵押合同做出的被诉不动产抵押登记，显然依据不足，亦有悖《最高人民法院关于审理房屋登记案件若干问题的规定》第八条关于先行解决民事争议的规定。因未按约定履行协议所造成的损失，上诉人可另行通过民事诉讼途径主张。

至于上诉人与被诉不动产抵押登记是否具有利害关系以及本案起诉有无超过法定起诉期限的问题，原审已做充分阐述，本院予以认同，不再赘述。在上诉人已签订协议，办理网上备案手续并支付大部分房屋价款的情况下，被诉不动产抵押登记行为对上诉人可期待的物权变动会产生影响，故上诉人与被诉不动产抵押登记具有利害关系。原审对本案的起诉条件的审查，并无不当。至于上诉人援引的最高人民法院民事裁定书，与本案所涉的行政争议不具有关联性，亦无法支持上诉人认为应优先保护购房者权利的主张，故本院对上诉人的观点不予采纳。

【实务案例4】 恶意拖延过户，需付违约金。

上海市青浦区人民法院审理张某某与朱某林、颜某某、朱某薇、朱某凡房屋买卖合同纠纷一案〔案号：（2020）沪0118民初12338号〕时认为：

依法成立的合同对当事人具有法律约束力，当事人应当按照约定履行自己的义务。双方就系争房屋于2015年6月27日签订的动迁房买卖合同系双方真实意思表示，不违反法律、行政法规的强制性规定，合法有效，各方皆应恪守履行。朱某林、颜某某、朱某薇作为系争房屋共同所有权人，在动迁房买卖合同落款处签字捺印，系合同相对人，且在庭审中均明确表示愿意继续履行合同，本院予以确认。朱某凡为系争房屋的共同所有权人，本院同意张某某申请，依法追加朱某凡作为本案被告参加诉讼。朱某凡同意继续履行上述动迁房买卖合同，构成房屋过户登记之债的加入，故就张某某提出合同继续履行的诉讼请求，本院予以支持。

出售人的主要义务是将系争房屋交付给买受人，买受人的主要义务是依照约定支付相应的对价。出售人的交付义务不仅包括实物交付，而且包括权利交付。张某某已依约支付系争房屋房款92万元并将尾款10万元交至本院代管，系争房屋亦已符合过户条件，故就张某某要求办理系争房屋过户手续的诉讼请求，本院予以支持。同时，张某某应在办理过户手续当日向被告支付尾款10万元。关于过户所需费用，合同已明确由张某某承担，各方均无异议，本院予以确认。

关于被告是否存在拖延过户的违约行为以及张某某是否可据此要求被告承担逾期过户违约责任问题。因系争房屋为动迁安置房，办理产权过户时间受到相关政策限制，具有一定的不确定性，双方亦未在合同中明确约定具体的过户时间。根据法律规定，履行期限不明确的，在履行条件成就的情况下，债务人可以随时履行，债权人也可以随时要求履行，但应当给对方必要的准备时间。2019年6月系争房屋小产证即已办出，被告理应及时配合张某某办理过户登记手续。根据双方微信聊天记录，张某某于2019年2月25日、9月19日、9月20日、9月23日、10月8日及2020年4月多次催办过户。朱某林则多次表示"这次过户近5年了，10万元利息""付款金额数、付款方式、签名付款或给现证付定下来回一下，定不下来那讲好后约时间去办"。朱某林在庭审中亦自认曾要求张某某在支付尾款10万元的同时，另需支付利息以及物业费。在合同已明确尾款具体金额的情况下，本院确认朱某林存在以涨价为由拖延办理过户手续的违约行为。据此，张某某要求被告承担逾期过户违约责任的诉讼请求具有事实和法律依据，本院予以支持。计算时间本院酌定为自2019年10月9日起至协助办理过户之日止。至于逾期过户违约金计算标准，本院综合考量张某某的实际损失、合同的履行情况、当事人的过错程度以及预期利益等因素，酌定以每日100元为标准计算。

第七章 产权过户

【实务案例5】 预告登记要以获得物权为目的。

上海市高级人民法院审理陈某某与上海江桥建筑工程有限公司、上海金丽华房地产发展有限公司（简称金丽华公司）案外人执行异议一案〔案号：（2016）沪民终100号〕时认为：

《最高人民法院关于人民法院办理执行异议和复议案件若干问题的规定》第三十条规定，金钱债权执行中，对被查封的办理了受让物权预告登记的不动产，受让人提出停止处分异议的，人民法院应予支持；符合物权登记条件，受让人提出排除执行异议的，应予支持。根据此条规定，已经办理了不动产预告登记的权利人，是否能排除执行，关键在于是否符合物权登记的条件。本案中，金丽华公司与陈某某签订了《预售合同》。根据《预售合同》中特别补充条款的约定，金丽华公司在2012年8月21日前有权解除合同，且不论解除合同与否，金丽华公司均应对2012年8月21日前占用陈某某资金给予利息补偿。该条款的约定，显然有别于正常的房屋预售合同。而陈某某解释所谓任意解除权是双方约定的金丽华公司享有的回购权，而之所以金丽华公司需要支付资金占用利息，系因为陈某某一次性付款给予的优惠。对此，本院认为，买受方一次性支付房屋全款的，出卖方给予的优惠通常表现为一次性给予折扣，而非在特定时段内分次给予利息补偿。如果因为出卖方行使解除权，双方约定由出卖方支付一定的利息补偿，尚属合理。但如果双方按买卖合同履行，而出卖方仍然需要支付利息的，显然有悖常理。故结合双方的《预售合同》及双方实际的履行情况，原审认定双方签订的《预售合同》的实质是附有担保的民间借贷法律关系并无不当，本院予以确认。鉴于双方的真实意思表示系为借贷关系设立担保，而非真正获得物权，故虽然双方之间所签的合同名为"预售合同"，但并不能产生取得物权的效力，也不符合物权登记条件，不能产生排除执行的效力。综上所述，原审法院驳回陈某某的诉讼请求，并无不当。据此，依据《中华人民共和国民事诉讼法》第一百七十条第一款第（一）项之规定，判决如下：驳回上诉，维持原判。二审案件受理费19132.95元由上诉人陈某某负担。本判决为终审判决。

第八章
风险承担方式

第八章 风险承担方式

一 条款内容

第七条　上述房地产风险责任自该房地产_____之日起转移给乙方。

二 条款解读

本条款是对房屋毁损、灭失的风险时间节点的约定，也就是确定时间节点之前之后发生的风险如何承担。

三 签约技巧

1.此处所指"风险"是一个具有特点含义的专业术语，指并非由当事人故意或过失造成，而是由意外事件或自然灾害造成的损失，如房屋渗漏、受潮、失窃等造成的损失。一旦这类损失发生，由何人来承担责任关系到买卖双方的切身利益。

2.一是以所有权转移时间为风险转移时间；二是以房屋的交付时间为风险转移时间，一旦出卖人将房屋实际交付给购房者占有使用，则房屋的风险责任就应当由购房者承担。

3.通常以实际交付时间作为风险转移时间节点，房屋毁损、灭失的风险，在交付使用前由出卖人承担，交付使用后由买受人承担；买受人接到出卖人的书面交房通知，无正当理由拒绝接收的，房屋毁损、灭失的风险自书面交房通知确定的交付使用之日起由买受人承担，但法律另有规定或者当事人另有约定的除外。

4.确定风险转移时间节点，可以为交易中可能造成的房屋损失问题提供准确的责任承担分界点。

四 常见争议

【实务案例1】交房之前发生火灾，卖方担责。

广东省广州市中级人民法院审理范某某与宋某某房屋买卖合同纠纷〔案号：（2018）粤01民终13330号〕时指出：

一审法院认为，宋某某和范某某签订的《房屋买卖合同》是双方当事人的真实意思表示，内容无违反法律、行政法规的强制性规定，依法成立有效。宋某某已履行了支付房款的义务，范某某应将符合合同约定的房屋交付给宋某某使用。合同约定房屋交付使用时间为2017年5月5日，因火灾发生在范某某将房屋交付给宋某某使用之前，故房屋因火灾烧毁受损的风险依法应由范某某承担。经评估，涉案房屋因遭受火灾烧毁贬损的价值为46062元，故对宋某某要求范某某按照该部分损失金额退还房款46062元，一审法院予以支持，超出部分的金额不予支持。对于范某某主张的代付给相邻业主的赔偿金和鉴定费，因该费用同样属于因房屋火灾产生的损失，依法亦应由范某某承担，其要求宋某某支付缺乏理据，一审法院不予支持。关于宋某某主张的逾期交付房屋的违约金，范某某逾期交付房屋构成违约，应向宋某某支付逾期交房违约金。因合同约定的违约金标准（按成交价每日千分之一）确实存在过高的情形，一审法院依法调整为以成交价为本金，按照中国人民银行公布的同期同类贷款利率标准，从2017年5月6日起计至2018年3月18日止。

二审法院认为，根据《最高人民法院关于适用〈中华人民共和国民事诉讼法〉的解释》第三百二十三条的规定，第二审人民法院应当围绕当事人的上诉请求进行审理。针对范某某上诉请求及宋某某的答辩意见，分析如下：

关于火灾造成的损失赔偿问题。根据双方签订合同中的约定，房屋交付使用时间为2017年5月5日，因火灾发生在范某某将涉案房屋交付宋某某使用之前，故房屋因火灾烧毁受损的风险依法应由范某某承担。火灾发生后，宋某某作为买方因担忧涉案房屋的安全结构问题拒绝收楼并在诉讼中请求价格贬损鉴定合理合法。经评估，涉案房屋因遭受火灾烧毁贬损的价值为46062元，故对宋某某要求范某某按照该部分损失退还房款46062元，一审法院予以支持并无不妥。宋某某购买涉案房屋后是否自用或另售他人已是其享有的合法权利，一审委托的评估鉴定机构考虑火灾造成涉案房屋室内大面积过火，从而影响近期的价格合理合法。范某某上诉认为涉案房屋价格贬值20381元属于不确定损失，应当另案处理的主张缺乏依据，本院不予采纳。范某某主张其代付给相邻业主的赔偿金，由于该费用属于因房屋火灾产生的损失，故依法亦应由范某某承担，其要求宋某某支付缺乏理据，一审法院不予支持并无不当。对范某某上诉以宋某某在火灾发生前已是涉案房屋的所有权人而主张该费用应由宋某某赔付，本院亦不予采纳。至于鉴定费用，由于该费用是宋某某为确定涉案房屋的安全性而支付的费用，故，一审法院认定该费用亦属于因房屋火灾所产生的损失，于法无悖。对范某某上诉认为应由宋某某承担该费用的主张，本院不予采纳。

关于逾期交房的期间问题。本案范某某未于合同约定的2017年5月5日交付涉案房屋给宋某某已构成违约，其应向宋某某支付逾期交房违约金。根据一审查明事实，一审诉讼中，在评估公司出具评估报告后，双方当事人于2018年3月18日办理了房屋交接手续，而如上所述，发生火灾后，宋某某作为买方因担忧涉案房屋的安全结构问题拒绝收楼并在诉讼中请求价格贬损鉴定合理合法，为此，一审法院认定范某某计付逾期交房的期间，应自2017年5月6日至2018年3月18日止正确，本院予以维持。对范某某上诉以2017年7月10日前是双方对房屋结构安全委托进行鉴定时间及宋某某已提起本案诉讼要求赔偿，诉讼中，范某某已于2017年9月24日通知宋某某收楼而认为2017年7月10日前与2017年9月24日之后，均不应计付逾期交房违约金的主张，本院不予采纳。

【实务案例2】交房之前发生火灾，不支持买方解除合同。

浙江省台州市椒江区人民法院审理徐某某与周某某、郑某房屋买卖合同纠纷〔案号：（2020）浙1002民初1199号〕时认为：

徐某某在法庭辩论终结后增加诉讼请求不符合法律规定，本院对徐某某增加诉讼请求不予准许。徐某某与周某某、郑某签订的房屋买卖合同合法、有效。椒江区海门街道台都花园66幢×号房屋已登记为徐某某单独所有，该房屋的所有权实际已经交付。根据房屋买卖合同约定，周某某、郑某在过户手续办结后一年内将上述房屋交付徐某某。因涉案房屋发生火灾，徐某某认为周某某、郑某违约导致合同目的无法实现而提出解除房屋买卖合同,但根据浙江中能工程检测有限公司出具的鉴定报告,涉案房屋火损区域的损伤状态仅为Ⅱa级或Ⅱb级,并不影响房屋的结构安全,故涉案房屋因火灾损伤部分存在修复的可能,且周某某、郑某明确表示愿意修复,目前合同约定的房屋占有、使用的交付时间尚未到达,徐某某提供的证据不足以证明周某某、郑某有导致合同目的不能实现的根本性违约行为,徐某某要求解除房屋买卖合同的请求缺乏依据,本院不予支持。徐某某要求返还购房款、赔偿税费损失等请求应以合同解除为前提,本院对相应诉讼请求也不予支持。房屋买卖合同并未解除,徐某某应按约定支付给周某某、郑某剩余购房款10万元。

【实务案例3】交付之后发生火灾,风险由买受人承担。

安徽省蚌埠市中级人民法院审理高某某与李某某房屋买卖合同纠纷〔案号:(2015)蚌民一终字第00504号〕时指出:

一审法院认为,依法成立的合同,对当事人具有法律约束力。当事人应当按照约定履行自己的义务,不得擅自变更或者解除合同。协议书、合同书均系当事人真实意思表示,合法有效,应当受到法律保护,故对李某某的诉讼请求,予以支持。《最高人民法院关于审理商品房买卖合同纠纷案件适用法律若干问题的解释》第十一条规定:对房屋的转移占有,视为房屋的交付使用,房屋毁损、灭失的风险,在交付使用前由出卖人承担,交付使用后由买受人承担。高某某与李某某之间房屋买卖合同成立、生效后,未及时交付该房屋,因此房屋损毁的风险应当由出卖人高某某承担。李某某已经依约履行了自己的主要义务支付了购房款,高某某应当按合同约定履行义务,将符合条件的房屋交付给买受人李某某,对于高某某提出房屋失火的损失由李某某承担不予支持。因李某某在案件审理过程中自愿支付高某某补偿费1万元，属于其自由处分行为且不违反法律规定，予以支持。据此，原审法院依照《中华人民共和国合同法》第六条、第八条、第六十条，《最高人民法院关于审理商品房买卖合同纠纷案件适用法律若干问题的解释》第十一条的规定，判决：第一，高某某于本判决生效之日起十日内将坐落于蚌埠市龙子湖区群力街7巷××号房屋其中最西一间面积约11.5平方米房屋腾空交付给李某某；第二，李某某于判决生效之日起十日内支付给高某某补偿款1万元。案件受理费80元由李某某负担40元，高某某负担40元。

二审法院认为，《中华人民共和国物权法》第二十九条规定："因继承或者受遗赠取得物权的，自继承或者受遗赠开始时发生效力。"本案中，包括涉案房屋在内的房屋系高某某姐妹四人继承、受赠于其父母，且高某某姐妹四人已就上述房屋进行了分割，明确涉案房屋属于高某某所有。因此，高某某就涉案房屋与李某某签订房屋买卖合同书是其依法处分个人财产的行为，合法有效。高某某关于其未经其他共有人同意，与李某某签订的房屋买卖合同书损害了其他共有人利益，该合同书无效及原审法院未通知其他共有权人参加诉讼，程序不当的上诉主张与本案查明事实不符，也与相关法律规定相悖，本院不予支持。因李某某已如约支付购房款并由其哥哥实际居住使用涉案房屋，故高某某的房屋交付义务也已履行。《中华人民共和国合同法》第一百四十二条规定："标的物毁损、灭失的风险，在标的物交付之前由出卖人承担，交付之后由买受人承担，但法律另有规定或者当事人另有约定的除外。"涉案房屋的毁损是在高某某交付李某某后因失火发生的，该毁损的风险应由李某某承担。原审法院认为高某某未及时交付房屋，房屋损毁的风险应当由高某某承担的判决理由错误，本院予以纠正。故对高某某关于房屋损毁的风险应当由李某某承担的上诉意见，本院予以采纳。涉案房屋虽因失火遭到毁损，但并不影响李某某对毁损房屋享有的合法使用权。高某某未经李某某同意,修建好毁损房屋后自行使用,侵犯了李某某对毁损房屋的使用权,原审法院判令其腾退并无不当。因涉案房屋毁损的风险应由李某某承担,高某某为修建毁损房屋所支出的费用,李某某应当支付给高某某。因高某某未在本案一审中主张该费用,原审法院以李某某在案件审理过程中自愿支付高某某补偿费1万元为由,判决李某某支付高某某补偿费1万元虽有不当,但双方均未就此提出上诉,本院不再予以纠正。如高某某认为该补偿费用不足以弥补其为修建毁损房屋所支出的费用,其可另行解决。关于高某某提出的原判认定诉争房屋面积为11.5平方米的事实错误、李某某依约支付了5000元购房款与事实不符、协议书系伪造的上诉主张,本院审查认为,房屋面积11.5平方米是双方在合同书中的明确约定;高某某出具的2张收条能够证明李某某支付5000元购房款的事实存在;高某某在一审中对协议书并未提出异议,且高某某亦未提供能够证明前述事实认定错误的证据,故对其该项上诉主张,本院亦不予支持。综上,原判决认定主要事实清楚,适用法律并无不当,判决理由虽部分有误,但判决结果并无不当,本院予以维持。高某某的部分上诉理由虽然成立,但并不影响本案的判决结果。依照《中华人民共和国民事诉讼法》第一百七十条第一款第(一)项、《最高人民法院关于适用〈中华人民共和国民事诉讼法〉的解释》第三百三十四条的规定,判决如下:驳回上诉,维持原判。

第九章
税费承担

第九章 税费承担

一 条款内容

第八条　本合同生效后，甲、乙双方应按国家及本市的有关规定缴纳税、费。

在上述房地产转移占有前未支付的物业管理费，水、电、燃气、通信费等其他费用，按本合同附件四约定支付。

二 条款解读

本条款一是对房屋买卖中税费承担问题的规定，简单讲就是税费各付；二是对房屋转移占有前的欠费支付进行的规定，双方可在合同附件中约定具体由谁来承担。

三 签约技巧

1.房屋交易中的税费无论是税费各付还是全部由下家承担，实际上都会归于买方一方，通常会约定全部由买方承担。

2.交付之前的欠费一般是由卖方使用所产生的，通常由卖方支付，但基于合同的意思自治，约定由买方支付也是可以的。

3.税费如何支付不但要约定清楚，而且要明确买方、卖方具体承担哪些税种、税率是多少，多出的税种、税费由谁承担，如何支付等。

4.卖方之前的欠费在签订入住交接书时一定要核实清楚，如水、电、煤表起止码等。

5.上海市房产交易税费可以参考表9-1。

表9-1　　　　　　　　上海市房产交易税费表

项目			2020年1月22日前	2020年1月22日后
限购	本地户籍	单身	1	无变化
		已婚	2	
	非本地户籍	单身	0	
		已婚	1	
	购房资格	本地户籍	不限	
		非本地户籍	往前推算63个月中社保或个税正常缴纳满60个月	
		离异人士	不限	离异之日起3年内按离异前家庭总套数计算
限贷	首套房认定		认房又认贷	无变化
	首付比例		普通住宅	非普通住宅
	无房、无贷款记录		35%	35%
	无房、有贷款记录		50%	70%
	有房、贷款已还清		50%	70%
	有房、贷款未还清		50%	70%
限售			居民不限售，企业限售5年	无变化
增值税及其附加税			普通住宅	非普通住宅	普通住宅	非普通住宅
			<2年：（全额/1.05）×各区增值税及附加税率 ≥2年：免征	<2年：（全额/1.05）×各区增值税及附加税率 ≥2年：（差额/1.05）×各区增值税及附加税率	<5年：（全额/1.05）×各区增值税及附加税率 ≥5年：免征	<5年：（全额/1.05）×各区增值税及附加税率 ≥5年：（差额/1.05）×各区增值税及附加税率

续表

项目	2020年1月22日前	2020年1月22日后
普通住宅标准	1.房屋类型：5层以上（含）的多高层住房，不足5层的里弄等 2.成交价格： 内环内≤450万元/套 内外环之间≤310万元/套 外环外≤230万元/套 3.建筑面积：单套≤140平方米	无变化
企事业法人	企业同时满足设立年限已满5年、累计缴纳税款金额达100万元、职工人数10名及以上且按照规定在该企业缴纳社保和公积金满5年（已缴纳税款金额满500万元以上除外） 仅限一手房，二手房无要求	一手房　五年限制出售 二手房　三年限制出售

四　常见争议

【实务案例1】 一方拒付税费，另一方可先垫付后追偿。

上海市松江区人民法院审理朱某某、孙某与毕某某房屋买卖合同纠纷〔案号：（2017）沪0117民初13814号〕时认为：

依法成立的合同，对当事人具有法律约束力。当事人应当按照约定履行自己的义务，不得擅自变更或者解除合同。根据原、被告双方签订的

《房地产买卖居间协议》《上海市房地产买卖合同》及《协议书》的约定，系争房屋产权过户所产生的税费均按国家及本市的有关规定缴纳，现原告已代被告缴纳其应付税费共计43882.04元，故原告该项诉请，于法有据，本院予以支持。另，根据原、被告双方签订的《上海市房地产买卖合同》的约定，系争房屋的物业管理费在转移占有前由被告承担，现原告已代被告缴纳2013年1月至2017年9月的物业服务费，且原告于2017年8月21日取得系争房屋的所有权，故原告主张被告返还其垫付的2013年1月1日至2017年8月21日物业费12515.54元，符合相关法律的规定，本院予以支持。

【实务案例2】政策变动增加的税费，按约定由买方承担。

上海市奉贤区人民法院审理蔡某与黄某某房屋买卖合同纠纷〔案号：（2011）奉民三（民）初字第1185号〕时认为：

依法成立的合同，对当事人具有法律约束力。当事人应当按照约定履行自己的义务，不得擅自变更或者解除合同。本案中，被告与原告签订《房地产买卖居间协议》及《房地产买卖协议》，均系当事人真实意思表示，且不违反法律、行政法规的强制性规定，应为合法有效，双方当事人均应恪守。原、被告在上述协议中对家具的赠送没有约定，原告也未能提供证据证明双方之间存在赠送家具的口头约定，故对原告诉称被告违反口头约定，在赠送家具一事上意见反复，导致双方推迟了签订正式房屋买卖合同的时间的意见，本院不予采信。原、被告于2011年1月26日对赠送家具事宜达成一致并约定于2011年1月29日签订《上海市房地产买卖合同》，是对原先协议的补充和变更，双方均应恪守。对原告诉称因国家政策原因导致产生不可预见的支出，双方对费用协商不成，合同应予解除，被告返还原告定金的请求，本院认为，被告同意解除双方之间的《房地产买卖协议》，故对原告要求解除《房地产买卖协议》的诉讼请求，本院予以支持。原、被告在协议中约定由原告承担法律、法规、规章、政策等规定的全部交易税费，该税费应当是房屋交易当时的税费，随着政策等的变动而变动，故对原告称该税费是签订协议当时的税费的意见，本院不予采信，政策变动后增加的税费仍应由原告承担。原告作为房屋买受人，对合同订立后可能出现的履行障碍应当有充分、合理的预见，并有相应的解决方案。现由于政策原因导致原告应承担的税费增加，但原告可以通过其他途径筹措资金履行义务，且该税费的数额变化不大，原告应当有能力履行合同约定的支付税费的义务，故税费征收政策的改变并不必然导致原告不能继续履行合同。原告称政策变动系不可抗力，据此要求解除协议，并要求被告退还定金，显属违约。根据双方协议的约定，原告违约不购买系争房屋，则已支付被告的定金不予返还，故对原告要求被告返还定金的诉讼请求，本院不予支持。

【实务案例3】一方过错导致税费增加，过错方要承担责任。

北京市第三中级人民法院审理康某某与张某房屋买卖合同纠纷〔案号：（2015）三中民终字第00599号〕时认为：

本案的争议焦点在于康某某、张某在合同履行期间因国家税费政策调整导致增加的税费最终应当由谁承担。

本案中，康某某、张某签订房屋买卖合同后，因政策变化，康某某不具备购房资格，无法办理过户手续。为协助康某某办理过户手续，康某某、张某另行达成相关协议，通过这些协议，康某某于2012年8月3日拿到委托书及过户程序中张某应负担的税费，康某某可以自行择日将涉案房屋过户至其指定的具备购房资格的人名下，并且，依据后续相关协议的内容，康某某甚至可以自行转卖涉案房屋。在张某向康某某出具委托书并交付过户时其应缴纳的税款后，即应认为张某已较有诚意地全面履行了自己的合同义务。

在张某完成相关合同义务后，康某某因自身原因长期未办理过户手续，在康某某已实际占有房屋的情况下，其不办理过户的行为不仅导致卖方无法获得剩余房款，而且占用卖方的购房指标，严重损害了卖方的合同权益，直到张某起诉，康某某才在法院的调解下办理房屋过户手续。在康某某怠于办理房屋过户手续期间，因国家税费及相关政策调整导致过户时应缴税费数额有大幅增加，该交易风险应当由康某某承担。

康某某、张某于2012年8月2日签订的《补充协议》中虽约定买卖双方税费各税各付，但该协议同时约定：卖方提供《委托书》，卖方配合买方办理产权转移登记手续，该房屋产生的其他费用和事宜与卖方无关。结合双方签订该《补充协议》的背景、初衷，以及签订该协议第二日张某将卖方应负担的税费交付给康某某的实际履行情况，根据生活常识和交易习惯，也足以认定《补充协议》中有关"该房屋产生的其他费用和事宜与卖方无关"的约定是指此后因未能及时过户而产生的税费等其他费用与卖方无关。

康某某虽上诉称缴纳税款是张某应负的义务，但依据本案实际情况，本纠纷中因国家税收政策调整所增加的税费对应的款项最终应当由康某某承担，康某某通过代缴相应税费承担了该责任，因此康某某要求张某返还其垫付税费的请求，一审法院不予支持正确。康某某的上诉请求及理由缺乏事实及法律依据，本院不予采信。

【实务案例4】 卖方继承税费，由所有继承人承担。

上海市青浦区人民法院审理顾某某、孙某某与王某平、王某梅、王某俊、钟某元、钟某荣、钟某芳房屋买卖合同纠纷〔案号：(2017)沪0118民初5282号〕时指出：

本院认为，两名原告与被告王某平、王某梅于2005年12月5日签订的《房屋转让协议书》系双方当事人真实意思表示，合法有效，本院予以确认。被告抗辩钟某珍的签名系其女儿王某梅代签，其本人并不知情，故合同无效。对此，本院认为，系争房屋为王某平、王某梅、钟某珍、王某俊共同共有。处分共有不动产理应经全部共同共有人一致同意。本案中，被告王某平、王某梅系钟某珍的丈夫及女儿，王某梅系王某俊的法定代理人，四人为家庭关系。若如被告所述钟某珍对房屋出卖不知情，不可能在长达四年的时间内不提出异议。钟某珍死亡后，长达十几年内，被告王某平、王某梅等继承人亦不可能不提出异议。直至原告诉至法院要求过户时，被告王某平、王某梅方以钟某珍不知情为由提出异议，不合常理，本院对其主张不予采信。合同签订时，被告王某俊不满2岁，系无民事行为能力人，被告王某梅作为王某俊的法定代理人有权代理被告王某俊出卖房屋，其行为并未侵犯王某俊的合法权益，故该买卖协议对王某俊亦具有法律效力。本案房屋买卖关系发生于2005年，当时钟某珍尚未死亡，继承尚未发生，被告钟某元、钟某荣认为房屋出卖侵犯了自己的权益，缺乏依据，本院亦不予采纳。据此，本院认为被告现不同意出售房屋的行为违反诚实信用原则，显属不当，被告王某平擅自撬锁占用系争房屋之行为更为不当，理应腾退将房屋交还两名原告。原告已经按约履行全部付款义务，故其要求被告协助过户并腾退的诉请，合法有据，本院予以支持。关于过户产生的税费，本院认为，签订合同时仅约定过户至原告名下的税费由原告承担。本案中，因钟某珍死亡引发的遗产继承问题可能导致过户时会增加额外的税费，但原、被告对该笔费用的承担存在争议。本院认为，原告对于钟某珍的死亡事实无法预见亦不存在过错，故因遗产继承而增加的税费应由六名被告共同承担，其余税费由两名原告承担。

【实务案例5】 做低无效，买方补税有失公允。

上海市浦东新区人民法院审理南某某、许某某与王某房屋买卖合同纠纷〔案号：（2016）沪0115民初87647号〕时认为：

原告现主张被告拒绝过户及逾期迁户口，构成违约，依法享有合同解除权。针对原告解除合同理由分析如下：被告称签订合同后意识到做低房价涉嫌违法犯罪，故要求按照真实交易价格重新签订合同。原告认为未做低房价。根据原告提供的无论是居间协议还是房屋买卖合同、定金收据，均约定房价为500万元，庭审中，原告亦陈述中介表示为了避税，把51万元作为装修补偿款，且并未就装修价格协商过，故本院对被告的意见予以采信。本案系争房屋实际价格为500万元，为了避税，做低房价为449万元，原告陈述有违诚信原则。被告在意识到避税违法后，要求按真实房价重新签订合同，属于纠正自己不当行为，系合法主张，并不属于违约行为；原告认为被告逾期迁户口构成违约的意见，因被告要求重新签订合同系合法主张，在双方未重新签订合同之前，合同是否能继续履行以及具体如何履行处于不确定状态，故被告未按原合同约定日期迁出户口不存在逾期问题。故原告要求被告承担违约责任的诉讼请求本院不予支持。

但本案是否需继续履行？如果继续履行，按真实房价500万元计算税费，势必会超出原本预计的税费，对此原、被告均不同意承担。原协议中仅约定税费由原告承担，但这仅是基于双方合意做低房价后原告的意思表示，并未约定如按真实房价计取税费后增加税费由谁承担。本院认为合意做低房价双方都有过错，故对于增加税费仍要求原告独自承担，有失公允。且原告现表示无力支付剩余房款，难以保证合同继续履行。

综上，本院考虑合同履行基础及风险认为双方关于系争房屋买卖关系应予解除。合同解除后，尚未履行的，终止履行；已经履行的，根据履行情况和合同性质，当事人可以要求恢复原状、采取其他补救措施，并有权要求赔偿损失。故被告应将收取的房款276万元退还给原告。至于原告要求被告赔偿银行利息，因合同无法履行，系双方合意做低房价引起，双方对此均有责任，故本院认为利息损失应由原、被告各半承担。

第十章
逾期付款违约责任

一、条款内容

第九条　乙方未按本合同约定期限付款的，甲、乙双方同意按下列第_____款内容处理。

（一）每逾期一日，乙方应向甲方支付逾期未付款的_____%的违约金，合同继续履行。

（二）乙方逾期未付款，甲方应书面催告乙方，自收到甲方书面催告之日起的_____日内，乙方仍未付款的，甲方有权单方解除合同，并书面通知乙方，自收到通知之日起的_____日内乙方未提出异议，合同即行解除。甲方可从乙方已付款中扣除乙方应向甲方支付逾期未付款_____%的违约金，余款返还给乙方，已付款不足违约金部分，乙方应在接到书面通知之日起_____日内向甲方支付。若乙方违约给甲方造成经济损失的，甲方实际经济损失超过乙方应支付的违约金时，实际经济损失与违约金的差额应由乙方据实赔偿。

（三）_____。

二、条款解读

本条款是对买方逾期支付购房款项需要承担的违约责任的约定。包括：

（1）逾期以总房款为基数按一定比例（通常为日万分之五）支付违约金。

（2）逾期超过一定天数，守约方可以选择单方解除合同，书面通知对方。

（3）违约金少于实际损失时，以弥补实际损失为准。

三 签约技巧

1.违约金的计算标准问题，实务中，对方提出日万分之五的违约金过高，要求调低时一般都会调整。

2.违约方持续违约达到解除合同的条件时，守约方如果选择解除合同，一定要履行合同解除的书面通知程序，确保合同解除效力。

3.违约金过分高于或者过分低于实际损失时，违约方可以申请法院予以调整。

4.违约金计算方式虽然会面临被调整的情况，老王还是建议定得高一些，理由是：①在违约成本很高的情况下，约束对方诚实守信，坚守契约精神；②法院只有在违约方要求调整的前提下，才会对违约金进行调整，法院不会主动调整。

5.本条的解除权属于约定解除权，在具备单方解除条件的情况下，只有履行书面通知程序，才能达到解除合同的效力。老王建议最好约定具体的书面通知方式。比如，手机短信、微信、邮件、QQ、快递等，约定具体用哪种方式无疑会降低自身的风险。

6.承担违约责任的目的实际上是弥补损失，因此才出现违约金被调整的情况。根据《中华人民共和国合同法》和《最高人民法院关于审理商品房买卖合同纠纷案件适用法律若干问题的解释》的规定，可以突破实际损失的底线，按实际损失的1.3倍计算。

看到了承担逾期付款责任的严重性，付款方在签订合同时应当量力而行，精确评估自己的付款能力，否则一旦违约就面临过高的违约成本。

四 常见争议

【实务案例1】逾期付款，支付违约金。

上海市浦东新区人民法院审理程某玲、程某嘉、程某与常某某、李某房屋买卖合同纠纷〔案号：（2020）沪0115民初5801号〕时认为：

原、被告签订的房屋买卖合同及补充协议系当事人真实意思表示，内容不违反法律禁止性规定，应为合法有效，双方均应全面履行。

关于延期过户补偿款数额以及2018年5月7日、2018年5月8日被告支付10万元款项性质。原告认为被告逾期六个月，补偿款应为12万元，过户时被告已支付10万元；被告认为过户时原告提出补偿五个月，当时被告同意了，但过户时支付的10万元按常理应认定为房款。对此，本院认为，双方约定过户时间为2017年11月12日，距2018年5月8日实际办理过户未满六个月；过户时扣除贷款支付部分，被告尚有106万元房款未支付，而过户时被告两天内分三笔支付了10万元，数额正好相当于五个月补偿款，与被告所述不同意补偿五个月则不过户的陈述相印证；虽延期过户客观上超过五个月，但当时双方关系比较友好，双方协商做出适当减免符合情理。基于以上三点，本院认定过户时双方就10万元补偿款已达成合意并已实际支付。被告认为上述10万元付款时未明确性质，应认定为房款的意见，本院不予采信。既然被告认可过户时已同意原告提出的10万元补偿款要求，其提出的是否存在因原告原因导致过户延期的抗辩主张，与本案处理已无必然关联。原告认可已收到10万元补偿款，其再要求被告支付2万元补偿款的诉请，本院不予支持，原告要求被告支付购房余款6万元的诉请，本院予以支持。

关于延期付款违约金。被告未按约定期限支付2017年11月12日前应支付房款、贷款不足部分房款以及尾款，原告要求被告支付延期付款违约金，具有合同依据。对违约金标准，本院根据原告实际损失、当事人过错程度以及合同实际履行情况等酌情确定。逾期支付房款与延期过户系不同违约行为，被告认为支付补偿款后不应再支付逾期付款违约金，没有合同和法律依据。

【实务案例2】 超过十五天解除合同，很难得到支持。

上海市闵行区人民法院审理钱某某与俞某某房屋买卖合同纠纷〔案号：（2018）沪0112民初8867号〕时认为：

依法成立的合同，对当事人具有法律约束力。当事人应当按照约定履行自己的义务，不得擅自变更或者解除合同。本案中，钱某某与俞某某就涉案房屋买卖事宜签订的《上海市房地产买卖合同》系当事人的真实意思表示，内容不违反法律法规的禁止性规定，合法有效，双方均应按约履行义务、行使权利。现钱某某要求俞某某继续履行合同并承担逾期过户的违约责任，俞某某则以钱某某逾期付款为由要求解除合同并要求钱某某承担违约责任，故本案争议焦点在于双方合同履行过程中违约责任的认定及处理。

（1）关于钱某某是否按约支付了购房款。俞某某认为，根据双方合

第十章
逾期付款违约责任

同约定房价款为135万元，钱某某应于2015年10月28日支付首期房款65万元，但钱某某只支付了50万元；钱某某则认为双方合同约定的房价款虽为135万元，但俞某某的实际到手价为130万元，钱某某已按合同约定支付了所有房款。对此，本院认为，关于涉案房屋的转让价款，根据双方于2015年11月30日签订的《上海市房地产买卖合同》的约定，涉案房屋的转让价款为135万元，钱某某虽然主张俞某某的实际到手价为130万元，剩余5万元属于俞某某应承担的中介费，但俞某某对此予以否认，对该主张，钱某某仅提供了中介公司员工的证言，未能进一步提供其他书面证据予以佐证，且根据双方合同约定，涉案房屋的居间服务费由钱某某承担，故对于钱某某的上述意见，本院不予采信，涉案房屋的转让价款应以双方的合同约定为准，即涉案房屋的转让价款为135万元。关于房款的支付时间和金额，合同约定涉案房屋的房款由钱某某向俞某某于2015年10月28日支付65万元，于2015年11月22日支付30万元，于2016年1月15日做公证当日支付40万元。双方对于钱某某于2015年11月22日支付了30万元房款以及于2016年1月16日支付了40万元房款的事实均无异议，但对首期房款的支付金额存在争议。从双方提供的证据来看，虽然钱某某于2015年10月29日向案外人戴某某转账的金额为50万元，但案外人戴某某出具的收款收据上确认收到钱某某购买涉案房屋的房款为55万元，故对于俞某某称只认可收到50万元房款的意见，本院不予采信。虽然钱某某主张其已经全额支付了首期房款，并提供了第三人出具的购房意向金收据，认为其系向中介方支付了该款项，且该款项也已由经办人蒲某及第三人财务张某某转账给了戴某某，但俞某某对此予以否认，认为案外人蒲某及张某某的转账系案外人蒲某与戴某某之间的个人业务往来，与本案无关，第三人对此表示蒲某曾以第三人的名义对外经营，蒲某收取的钱款未交付给第三人，第三人对于蒲某的经营行为不知情,对于买卖双方的交易也不知情,故在没有充分证据证明俞某某已授权中介方可以代为收取并保管房款,且钱某某亦未能进一步举证上述资金往来与涉案房屋购房款存在必然联系的情况下,钱某某认为其已经向俞某某付清全部购房款的主张显然不能成立,因此,钱某某还应向俞某某支付涉案房屋的购房款金额为10万元。

(2)关于俞某某能否以钱某某逾期付款为由行使合同解除权。本院认为,根据合同约定,首期房款的支付时间为2015年10月28日,但在后续的合同履行过程中,钱某某分别于2015年11月22日支付了30万元房款,并于2016年1月16日支付了40万元房款,履行了大部分的合同付款义务,并于2016年1月起在涉案房屋内实际居住至今,而俞某某在签订合同以及钱某某支付后续购房款时并未提出异议,也未提出过首付款不足,在此情形下,俞某某更应诚信行使合同权利,现俞某某直至2017年12月8日临近合同约定的过户时间,直接以钱某某未按约支付房款为由解除双方合同,明显不能视为合同权利的正当行使,该解除通知并不产生解除合同的效力,故对于俞某某要求确认双方的买卖合同于2017年12月12日解除之反诉请求,本院不予支持。现双方约定的过户时间已届满,钱某某已依约支付了大部分房价款,并已实际占有使用涉案房屋,且钱某某在诉讼中已将10万元缴至本院代管款账户,并同意在俞某某配合办理过户时一次性将应付款项支付给俞某某,其行为已显示了其履约的诚意及能力,涉案房屋的《上海市房地产买卖合同》具备继续履行条件,故钱某某要求俞某某继续履行合同,协助钱某某将涉案房屋的产权过户至钱某某名下的诉讼请求,本院予以支持。因办理产权过户登记手续而产生应缴纳的税费,根据双方的合同约定应由钱某某负担,钱某某要求按国家规定由钱某某和俞某某各自承担,缺乏依据,本院不予支持。

(3)关于违约金的承担。鉴于合同继续履行,俞某某基于合同解除提出的要求钱某某支付房款总价一倍的违约金之反诉请求，缺乏依据，本院不予支持。鉴于钱某某未能足额支付涉案房屋的购房款，在钱某某未付清款项的情况下，钱某某要求俞某某支付逾期过户的违约金，缺乏依据，本院不予支持。根据双方合同约定，钱某某未按合同约定的时间付款，则每逾期一日，钱某某应按应付而未付款额的万分之五每日向俞某某支付逾期违约金。现俞某某要求钱某某支付逾期付款的违约金，钱某某在诉讼中提出违约金过高，考虑到钱某某已将10万元缴至本院代管款账户，同时本院结合合同的履行情况、当事人的过错程度以及预期利益等综合因素，根据公平原则和诚实信用原则予以衡量，酌定钱某某应承担的逾期付款违约金金额为2万元。

【实务案例3】 逾期付款违约金过高，予以调低。

上海市第一中级人民法院审理朱某某、蒋某1与袁某某、宋某某房屋买卖合同纠纷〔案号：（2020）沪01民终236号〕时认为：

本案当事人争议的焦点为涉案房屋买卖合同解除的原因和责任归属；朱某某、蒋某1在履行合同过程中是否存在违约行为；朱某某、蒋某1若应承担解约违约金，相应的金额如何合理确定；袁某某、宋某某是否应当承担合同解除后的房款利息。

（1）涉案房屋买卖合同解除的原因和责任归属。

根据上海市关于房屋限购的政策规定，房屋限购审核系以居民家庭为单位进行的。现已查明的事实显示，朱某某、蒋某1与袁某某、宋某某在就涉案房屋于2017年9月2日签订房屋买卖合同时，购买方中蒋某1为未成年人，对其购房资格的审核，显而易见应当纳入与其法定监护人（父母）组成的居民家庭中予以考察。而蒋某1的父亲蒋某2在本案审理中已向法院确认其已属于上海市房屋限购对象,则作为居民家庭成员的蒋某1在2017年9月2日签署上述涉案房屋买卖合同之日即属于房屋限购对象,朱某某、蒋某1与袁某某、宋某某就涉案房屋签订的买卖合同自始即存在履行不能的情形。上述合同签订后,在发现购买人中蒋某1无购房资格后,买卖双方虽自2017年12月17日起,在太平洋公司的组织下多次就合同的变更事宜进行协商,但最终未能达成一致意见。因系朱某某、蒋某1限购的原因导致合同不能履行,双方虽主张因对方在后续的协商过程中拒不配合导致未能重新缔约,但合同主体的变更并非当事人的强制义务。因此,现因蒋某1存在限购的情况,双方签订的合同在客观上无法履行,买卖双方一审中均要求确认合同解除,一审法院据此确认朱某某、蒋某1与袁某某、宋某某于2017年9月2日签订的《上海市房地产买卖合同》及《补偿协议》于2018年1月18日解除,并无不当之处;在合同解除的情况下,一审判决对于朱某某、蒋某1已付的购房款80万元予以处理,判令袁某某、宋某某予以返还,于法有据,本院予以确认。

　　鉴于本案主要系因蒋某1存在限购情况而导致合同解除,在朱某某、蒋某1与袁某某、宋某某均明知蒋某1限购且未能重新签署新的合同的情况下,则不应苛求朱某某、蒋某1仍依原先的合同向袁某某、宋某某支付后续的购房款,故袁某某、宋某某认为双方之间合同系因朱某某、蒋某1无法支付后续房款构成违约而由其单方解除的观点,与查明的事实不符。一审判决据此对于袁某某、宋某某在反诉中主张的逾期付款违约金的请求不予支持,当属无误。朱某某、蒋某1作为买受方,在签订涉案合同时未能结合自身住房情况和上海市住房政策尽到相应的注意义务,导致关于涉案房屋的买卖合同最终解除,应当承担相应的责任。

　　(2)朱某某、蒋某1在履行合同过程中是否存在违约行为,若存在,其应当承担责任的方式。

如前所述，朱某某、蒋某1在签订涉案合同时本应结合自身住房情况和上海市住房政策尽到相应的注意义务。在其与袁某某、宋某某签订的关于涉案房屋的买卖合同（上海市示范文本）的"特别告知（二）"部分中，载明相应的上海市房屋限购的政策法规内容，合同中也约定了在签订本合同时，朱某某、蒋某1与袁某某、宋某某双方均已知晓国家和上海市住房限购规定，如因违反限购规定，房地产交易中心不予办理房地产登记，并出具《不予办理房地产交易、过户通知》的，双方共同办理合同网上备案撤销等解除本合同手续，因未如实提供家庭情况及家庭成员名下拥有的住房情况等属于朱某某、蒋某1责任，造成袁某某、宋某某损失的，朱某某、蒋某1应赔偿相应损失等。根据现已查明的事实，在签署涉案房屋买卖合同的同时，蒋某1之父蒋某2代蒋某1向太平洋公司出具的《佣金确认书》中曾承诺欲购买的涉案房屋为其首套房，鉴于审核购房人购买房屋是否为首套房系以居民家庭为单位进行的，该承诺显然与事实不符。朱某某、蒋某1上诉称，根据其提供的纳税流程记录，其在交易过程中已经向袁某某、宋某某以及太平洋公司如实提供了家庭情况及家庭成员名下拥有住房的情况，但根据其提供的纳税流程记录等材料，并不能得出其已如实提供了家庭情况及家庭成员名下拥有住房情况的结论。关于涉案房屋买卖合同的特别告知中已明确载明对于房屋限购系以居民家庭为单位进行审核，应当推定买卖双方对此已经明知。在此情况下，朱某某、蒋某1仍与袁某某、宋某某签署房屋买卖合同，并承诺欲购买的涉案房屋为其首套房，故不能认定朱某某、蒋某1已如实提供了其家庭情况及家庭成员名下拥有的住房情况，据此朱某某、蒋某1应当就涉案合同的解除对袁某某、宋某某承担相应的违约责任。

关于朱某某、蒋某1应当承担的责任方式，本院认为，双方之间的买卖合同一方面约定若因未如实提供家庭情况及家庭成员名下拥有的住房情况等属于朱某某、蒋某1方的责任，违反限购规定，房地产交易中心不予办理房地产登记，造成袁某某、宋某某损失的，朱某某、蒋某1应承担赔偿相应损失，合同另一方面也同时约定，朱某某、蒋某1若未按照买卖合同中的约定全面履行自己义务的，应参照合同第九条之约定向袁某某、宋某某承担违约责任。双方在合同第九条第（三）款中约定了朱某某、蒋某1未按本合同付款协议约定期限付款的，应当向袁某某、宋某某支付赔偿金。逾期超过十五日朱某某、蒋某1仍未完全履行付款义务的，袁某某、宋某某有权单方解除合同并有权要求朱某某、蒋某1承担按照房屋总价的20%计算的违约金。朱某某、蒋某1未如实提供其家庭情况及家庭成员名下拥有的住房情况的违约行为，导致了涉案合同的解除，根据上述合同约定的内容，袁某某、宋某某既可要求朱某某、蒋某1赔偿因此而造成的损失，也可选择参照合同第九条的约定要求朱某某、蒋某1承担包括总房价款20%计算的解约违约金在内的责任。一审审理中，袁某某、宋某某最终并未选择要求朱某某、蒋某1赔偿违约造成的损失，而是要求朱某某、蒋某1承担包括解约违约金在内的责任。虽然由于袁某某、宋某某对于朱某某、蒋某1履约过程中行为性质的认知错误，其要求朱某某、蒋某1承担包括解约违约金在内的责任之依据事由（认为朱某某、蒋某1未按约付款构成违约，遂按照合同第九条之约定追究朱某某、蒋某1不履行后续款项支付义务的责任）并不成立，但鉴于双方合同中对于朱某某、蒋某1若未按照买卖合同中的约定全面履行自己义务的，应参照合同第九条之约定向袁某某、宋某某承担违约责任有明确约定，而朱某某、蒋某1未如实提供其家庭情况及家庭成员名下拥有住房情况的违约行为，亦属于未按照买卖合同中的约定全面履行自己义务的范畴，袁某某、宋某某有权参照合同第九条之约定追究朱某某、蒋某1的责任，提出包括按照总房价20%计算的解约违约金等请求的事实存在，且在袁某某、宋某某已根据合同第九条提出合同解除项下解约违约金请求的情况下,一审法院对其解约违约金的诉请予以相应支持,并无明显不当之处。朱某某、蒋某1有关即使其没有如实提供家庭信息及名下房屋情况,也只应承担赔偿损失责任,而非承担违约金的责任的相关上诉意见不能成立。

(3)朱某某、蒋某1若应承担解约违约金,相应的金额如何合理确定。

如前所述,袁某某、宋某某有权选择以违约金的方式追究朱某某、蒋某1的违约责任。一审中袁某某、宋某某也实际最终选择要求朱某某、蒋某1承担解约违约金,一审法院据此做出相应的判决,双方对于该内容均不服,故对于一审判决的解约违约金是否恰当合理应当予以审核。

本院认为,朱某某、蒋某1与袁某某、宋某某就涉案房屋签订的《上海市房地产买卖合同》以及《补偿协议》中对于"转让价款""现有装潢、厨卫设施及附属设施、设备补偿"均做了相应约定,双方实际总成交价款为380万元。双方在《上海市房地产买卖合同》中约定解约违约金应按照总房价的20%计算,在《补偿协议》中又约定同意本协议的违约责任适用买卖合同有关规定(参照买卖合同的第九、第十条履行)。据此,按照总房价20%计算的解约违约金应为76万元。一审判决认为袁某某、宋某某仅可向朱某某、蒋某1主张违约金60万元,与查明的事实不符,本院予以纠正,袁某某、宋某某主张解约违约金应计算为76万元,具有相应的事实根据。

至于袁某某、宋某某提出的76万元的违约金是否应予以全额支持的问题,本院认为,朱某某、蒋某1在本案中已就袁某某、宋某某的违约金主张提出了违约金过高的抗辩意见,二审上诉中提出一审根据袁某某、宋某某的诉请判定的25万元的解约违约金远远高于袁某某、宋某某的实际损失,故确有必要对违约金调整的主要考量因素,即实际损失予以审查。《中华人民共和国合同法》第一百一十四条规定，约定的违约金过分高于造成的损失的，当事人可以请求人民法院或者仲裁机构予以适当减少。《最高人民法院关于适用〈中华人民共和国合同法〉若干问题的解释（二）》第二十九条规定，当事人主张约定的违约金过高请求予以适当减少的，人民法院应当以实际损失为基础，兼顾合同的履行情况、当事人的过错程度以及预期利益等综合因素，根据公平原则和诚实信用原则予以衡量，并做出裁决。朱某某、蒋某1与袁某某、宋某某在关于涉案房屋的买卖合同中，对于朱某某、蒋某1违反限购规定导致合同解除的违约责任也有赔偿损失的约定。因此，综合法律、司法解释的规定及当事人的约定，本案中袁某某、宋某某虽也有权就朱某某、蒋某1违反限购规定的违约行为根据合同约定提出解约违约金的请求，但解约违约金的确定应主要依据袁某某、宋某某的相应合理实际损失，并应与相应合理实际损失大体相当。

　　就袁某某、宋某某的实际损失问题，袁某某、宋某某本案中称包括另案承担的违约金、诉讼费，与高某之间房屋交易实际支付的中介费及另案与本案的律师费损失等在内，本院认为，袁某某、宋某某有关其因朱某某、蒋某1的违约行为给其造成的实际损失问题的主张，有相应的在案证据所佐证的事实佐证，故本院对袁某某、宋某某实际发生并已支付的违约金、诉讼费、中介费、律师费等损失予以确认，且上述损失确系朱某某、蒋某1因限购问题无法继续履行合同、支付后续房款导致宋某某无法履行与高某的房屋买卖合同，并进而导致袁某某、宋某某在另案和本案解除房屋买卖合同的诉讼中实际支出了的相应费用。上述实际损失的发生与关于涉案房屋的买卖合同履行过程中朱某某、蒋某1的违约行为之间存在直接关联。朱某某、蒋某1上诉称，其与袁某某、宋某某之间签订的房屋买卖合同，和宋某某与案外人高某之间签订的房屋买卖合同，为两份独立的合同，双方的签约时间、主要款项的付款期限各不相同，两份合同完全没有关联。朱某某、蒋某1与袁某某、宋某某之间的合同中对宋某某与高某签约的情况没有约定，朱某某、蒋某1也无法预知、预判，一审判决将袁某某、宋某某对高某承担的违约损失，变相转嫁给朱某某、蒋某1，缺乏依据。对此，本院认为，《中华人民共和国合同法》第一百一十三条规定，当事人一方不履行合同义务或者履行合同义务不符合约定，给对方造成损失的，损失赔偿额应当相当于因违约所造成的损失，包括合同履行后可以获得的利益，但不得超过违反合同一方订立合同时预见到或者应当预见到的因违反合同可能造成的损失。对于双方争议的可预见性的问题，鉴于双方在关于涉案房屋的买卖合同中已就任何一方未按照买卖合同中的约定全面履行己方义务导致合同解除应承担总房价款20%的解约违约金，即76万元的违约金责任已有明确约定，该76万元的金额为双方在订立合同时应当预见的解约违约金的最大限额。因此，即使如朱某某、蒋某1所述，其与袁某某、宋某某之间的合同中对宋某某与高某签约的情况没有约定，朱某某、蒋某1不知晓也无法预知、预判袁某某、宋某某与高某之间房屋买卖合同的履行情况，但鉴于袁某某、宋某某确因朱某某、蒋某1的违约行为导致另案和本案解除房屋买卖合同纠纷之诉过程中产生了实际损失，该实际损失亦未超出朱某某、蒋某1在订立合同时预见到或者应当预见到的因违反合同可能造成的赔偿损失限额，以及袁某某、宋某某有权要求朱某某、蒋某1对其合理的实际损失承担责任，袁某某、宋某某本案要求朱某某、蒋某1承担违约金的请求与其实际损失密切相关等情况，故虽袁某某、宋某某一审中并未提出赔偿损失请求，但一审法院在根据袁某某、宋某某的请求裁判违约金时将袁某某、宋某某的实际损失作为考量因素，并无不当之处。朱某某、蒋某1有关两份合同无关联、一审判决将袁某某、宋某某对高某承担的违约损失,变相转嫁给朱某某、蒋某1等的说法不能成立。

综合考量袁某某、宋某某的实际损失的合理性(实际损失中的律师费涉及合理必要性的问题),朱某某、蒋某1与袁某某、宋某某订立合同时预见到或者应当预见到的因违反合同可能造成的损失,朱某某、蒋某1已付款的利息损失等因素,本院根据本案实际酌情确定朱某某、蒋某1应向袁某某、宋某某支付解约违约金50万元。

(4)袁某某、宋某某是否应当承担合同解除后的房款利息。

根据查明的事实,朱某某、蒋某1应当就涉案合同因限购而予以解除对袁某某、宋某某承担相应的违约责任。基于此,袁某某、宋某某在违约责任最终清算之前保有朱某某、蒋某1预付的购房款80万元具有相当的合理性,又基于朱某某、蒋某1承担的违约责任数额本身即具有争议性,当事人无从自行判断,故一审法院对朱某某、蒋某1最终需承担的违约责任与购房款之间差额部分的利息损失,在调整袁某某、宋某某主张的违约金中一并予以考虑,不再单独处理,并无不当之处,本院予以确认。

【实务案例4】逾期付款违约金过低,予以调高。

上海市第一中级人民法院审理陈某某、王某某与金某、张某房屋买卖合同纠纷〔案号:(2019)沪01民终7602号〕时认为:

本案双方签订的《上海市房地产买卖合同》于法无悖,双方均应恪守。

金某、张某未依约支付购房款,构成违约,应依约承担相应的违约责任。本案双方间的合同约定,买受人未按照本合同及各项附件等约定履行的,每逾期一日需向出卖人支付总房价款万分之五的赔偿金,并应继续履行；买受人未按照本合同及各项附件等约定履行的，每逾期超过十个工作日的，买受人单方面要求解除合同的，均视为其违约。出卖人有权单方解除合同，应当通知买受人，买受人除需支付十个工作日的赔偿金（按总房价款万分之五每日计）外，还需向出卖人支付相当于总房价款20%的违约金。

综合考虑当事人过错责任、房屋总价、合同履行状况等因素，本院认为，原审酌定之违约金过低，不足以弥补陈某某、王某某因买方违约而受到的损失，故本院对此予以调整，确定由金某、张某偿付违约金20万元。鉴于陈某某、王某某明确选择按违约金条款主张权利，且本案双方均表示定金由法院处理，为避免讼累，本院确定陈某某、王某某返还定金10万元。

第十一章
逾期交房违约责任

第十一章 逾期交房违约责任

一 条款内容

第十条　甲方未按本合同第四条约定期限交接房地产的，甲、乙双方同意按下列第_____款内容处理。

（一）每逾期一日，甲方应向乙方支付已收款_____%的违约金，合同继续履行。

（二）甲方逾期未交付房地产，乙方应书面催告甲方，自收到乙方书面催告之日起的_____日内，甲方仍未交付房地产的，乙方有权单方解除合同，并书面通知甲方，自收到通知之日起的_____日内甲方未提出异议，合同即行解除。甲方除应在收到书面通知之日起_____日内向乙方返还已收款和利息（自乙方支付房款之日起至解除合同之日止）外，还应按已收款的_____%向乙方支付违约金。若甲方违约给乙方造成经济损失的，乙方实际经济损失超过甲方应支付的违约金时，实际经济损失与违约金的差额应由甲方据实赔偿。

（三）_____。

二 条款解读

本条款是对买方逾期交付房屋需要承担的违约责任的约定。包括：

（1）逾期以总房款为基数按一定比例（通常为日万分之五）支付违约金。

（2）逾期超过一定天数，守约方可以选择单方解除合同，书面通知对方。

（3）违约金少于实际损失时，以弥补实际损失为准。

三 签约技巧

1.违约金的计算标准问题，实务中，对方提出日万分之五的违约金过高，要求调低时一般都会调整。

2.违约方持续违约达到解除合同的条件时，守约方如果选择解除合同，一定要履行合同解除的书面通知程序，确保合同解除效力。

3.违约金过分高于或者过分低于实际损失时，违约方可以申请法院予以调整。

4.违约金计算方式虽然会面临被调整的情况，笔者还是建议定得高一些，理由是：①在违约成本很高的情况下，约束对方诚实守信，坚守契约精神；②法院只有在违约方要求调整的前提下，才会对违约金进行调整，法院不会主动调整。

5.本条的解除权属于约定解除权，在具备单方解除条件的情况下，只有履行书面通知程序，才能达到解除的效力。老王建议最好约定具体的书面通知方式。比如，手机短信、微信、邮件、QQ、快递等，约定具体用哪种方式无疑会降低自身的风险。

6.承担违约责任的目的实际上是弥补损失，因此才出现违约金被调整的情况。根据《中华人民共和国合同法》和《最高人民法院关于审理商品房买卖合同纠纷案件适用法律若干问题的解释》的规定，可以突破实际损失的底线，按实际损失的1.3倍计算。

实践中，违约方认为违约成本远远低于因违约而取得的利益时会恶意违约，比如房价上涨时房东坐地涨价、不按时迁走户口，并以未造成损失为由拒绝支付合同约定的违约金等。

四 常见争议

【实务案例1】逾期交房，支付违约金。

上海市闵行区人民法院审理张某某、陈某某与金某某房屋买卖合同纠纷〔案号：（2020）沪0112民初9511号〕时认为：

原、被告签订的《上海市房地产买卖合同》系双方当事人真实意思表示，内容未违反法律、行政法规强制性效力性规定，属有效协议，双方应按约履行。

原告作为购买方，已按约完成付款义务。作为出售方的被告，亦应按期交付涉案房屋。现原告以被告逾期交付房屋为由要求被告承担违约责任。对此，本院认为，就涉案房屋的交付时间，涉案买卖合同约定"待房产所属区县房地产交易中心出具以乙方为所有权人的房地产权证，且甲方收到第二期房价款后三日内，甲、乙双方应对该房地产交接完结"，现涉案房屋于2019年9月29日被核准登记至两名原告名下，被告亦已于2019年11月21日收到第二期房价款，然被告收款后并未履行交付房屋之义务，直至2020年1月19日原告方自行收回涉案房屋。被告的行为显然构成违约。原告要求被告承担违约责任，符合双方约定，本院予以支持。

至于被告辩称的原告明知涉案房屋内有租客且其已告知原告及租客自2019年11月21日起的租金由原告收取、故其不存在违约行为的意见，本院认为，首先，被告并无充分有效的证据材料证明被告已清楚告知原告涉案房屋存有租赁关系或原告对此明知。其次，即便对租赁事宜，被告已告知或原告已明知，但被告并无证据证明双方已就原告承接现有租赁合同等事宜达成一致，而双方在涉案买卖合同中约定的是被告向原告交付涉案房屋，故被告仍然应当履行按期交付房屋之义务，而非被告自以为的只要告知原告及租客租金由原告收取即完成了交付义务。因此对被告的该点抗辩意见，本院不予采纳。

就原告主张的违约金，现被告认为过高。本院认为，对于违约金的认定，既要尊重当事人之间的约定，同时又要考虑实际损失的大小，并兼顾合同的履行情况、当事人的过错程度以及预期收益等综合因素，故本院考虑到逾期交房对原告造成之实际影响，从制裁违约和利益平衡原则出发，酌定被告向原告支付逾期交房违约金的金额为15000元。

【实务案例2】 逾期交房违约金过高，予以调低。

上海市嘉定区人民法院审理吴某、王某与季某某房屋买卖合同纠纷〔案号：（2017）沪0114民初15468号〕时认为：

两名原告与被告签订的房屋买卖合同系双方当事人真实意思表示，且不违反法律、行政法规的强制性规定，应属合法有效，对双方均具有法律约束力，双方均应按合同约定全面履行各项义务。

现原告已按约支付全部房款，被告虽然协助原告办理了过户手续，但未按约交付房屋，原告要求被告交付房屋合法有据，本院予以支持。被告称原告对系争房屋存在租约系明知，但庭审中，双方一致认可被告曾告知原告被告与案外人的某某的租约于2017年3月到期，不影响被告交房，且双方签订的房屋买卖合同并未约定带租约交房，现被告未能按约于2017年6月30日前交付系争房屋，显属违约，应承担违约责任。原告要求按买卖合同的约定支付逾期交房违约金，被告称该违约金标准过高，要求调整，结合本案合同的履行情况、被告的过错程度、违约给原告造成的实际损失等因素，本院酌情将违约金调整至按已付房款的每日万分之一计算。鉴于违约金足以弥补两名原告的实际损失，故对于原告要求赔偿实际损失的诉请本院不予支持。

【实务案例3】 逾期交房违约金过低，予以调高。

上海市第一中级人民法院审理舒某某与沈某某、唐某房屋买卖合同纠纷〔案号：（2018）沪01民终2301号〕时认为：

二审争议焦点在于：被上诉人沈某某、唐某应承担的逾期交房违约金如何认定？

上诉人舒某某、原审被告庞某某与被上诉人沈某某、唐某之间签订的《上海市房地产买卖合同》及《协议书》系双方当事人的真实意思表示，应属合法有效。根据双方在补充协议中的约定，被上诉人沈某某、唐某最晚应于2017年7月10日交房，故被上诉人沈某某、唐某未能于该日履行交房义务，构成违约，应承担相应的法律后果。

关于被上诉人沈某某、唐某应承担的逾期交房违约金问题。本院认为，虽然双方在合同中约定每逾期一日需向对方支付总房价款万分之五的赔偿金，但根据双方在本案审理中所做的陈述，上诉人舒某某、原审被告庞某某与被上诉人沈某某、唐某在2017年9月8日进行交房时，上诉人舒某某、原审被告庞某某要求被上诉人沈某某、唐某给予3万元赔偿，该赔偿金额并非以双方合同约定的违约金标准主张的；其诉请也是做出了违约金调整后的金额，且双方约定的违约金也有过高之嫌，故一审对违约金予以调整，并无不当。但是，上诉人舒某某、原审被告庞某某要求被上诉人沈某某、唐某就违约金赔偿先签协议，因该项要求并非房屋交接的前置条件，故上诉人舒某某、原审被告庞某某的行为有所不当。被上诉人沈某某、唐某没有同意上诉人舒某某、原审被告庞某某的该项要求，理由可以成立。根据已查明的事实，被上诉人沈某某、唐某在该日没有将房屋内物品全部清空，实际仍控制房屋，导致上诉人舒某某、原审被告庞某某无法实际获得对房屋的使用权利。鉴于被上诉人沈某某、唐某在双方产生争议情况下完全可以通过中介公司交付钥匙，履行合同约定的房屋交付义务，即被上诉人沈某某、唐某是在有其他途径可寻情况下没有完成交房义务，故被上诉人沈某某、唐某对2017年9月8日之后至实际交房时间段也应承担逾期交房违约责任，但就该时间段的违约责任可考虑上述情况适当降低违约金承担比例。本院综合双方的合同履行情况及双方履行过程中的过错责任等，对逾期交房违约金酌情予以调整认定。一审法院虽然综合考虑了双方在交房过程中的违约责任大小及实际损失等因素，但对违约金数额所做的认定欠妥，故本院予以纠正。

综上所述，上诉人舒某某的上诉请求部分成立，应予支持；一审查明事实清楚，适用法律正确，本院予以认同。依照《中华人民共和国民事诉讼法》第一百七十条第一款第二项规定，判决如下：第一，维持上海市浦东新区人民法院（2017）沪0115民初82500号第一项、第二项、第三项判决；第二，变更上海市浦东新区人民法院（2017）沪0115民初82500号第四项为被上诉人沈某某、唐某应于本判决生效之日起十日内支付上诉人舒某某逾期交房违约金4万元。

第十二章
户口迁出的责任承担

第十二章
户口迁出的责任承担

一、条款内容

第十一条　甲方承诺自上述房地产权利转移之日起的_____日内，向房屋所在地公安派出所办理户口迁出手续。甲方未能及时迁出户口的，承担以下责任：

（一）每逾期一日，甲方应向乙方支付已收款_____‰的违约金，计算至户口实际迁出之日止，合同继续履行。

（二）甲方逾期超过三十日未迁出户口的，甲方同意由公安部门（户籍管理部门）将该户口迁至本人在沪产权房或本市社区公共户。

二、条款解读

本条款是对办理户口迁出及相关责任的约定，因为户口问题已经成为部分房屋纠纷不能解决的症结所在，目前处于公安户籍部门、法院管辖的空白地带，这一条款的推出或许会成为解决这类问题的一剂良药。

三、签约技巧

1.卖方户口不按合同约定时间迁出一般都是恶意的，原因在于上海户口的价值：学区房、医疗资源、社保资源的稀缺性以及居住证、积分、落户的高门槛等多种因素导致的。

2.违约金约定的数额再高很多时候也仅仅是一种摆设，因为拒迁户口虽然违约，但守约方很难证明自己的实际损失，违约方可以要求法院予以调低，并且法院通常会接受违约方调整的要求，将数额调到最低。一般的认定是根据合同约定违约方应当在×年×月×日内办理完毕原有户口的迁出手续，否则应当承担相应的违约责任。鉴于违约方提出约定的违约金过高，考虑到守约方至今未提供逾期迁户口给其造成实际损失的充分证据，根据公平和诚实信用原则，并兼顾合同履行情况、当事人过错程度、逾期利益损失等因素，酌情判处违约方应支付守约方逾期迁户口违约金1万元或2万元……

3.上家户口的存在实际上会对下家造成不可估量的影响，比如限制了下家的出售，户口的存在往往让有意购买者不敢轻易下手，实践中，下家将房价降到市场价的8折都很难出售；上家产权人的小孩就读过的学区房有户籍、学生名额的限制，下家的适龄儿童可能就不能在对口的学校上学等。

4.本条对户口的迁出做出了明确的约定。但问题在于买卖双方之间的约定是不能约束第三方公安户籍部门的，当然，如果户籍部门出台的户口迁出政策能落地实施，户口问题自然会得到解决。

5.考虑到上家不迁户口的主观故意，老王建议合同约定：卖方对于户口迁出的流程、资料已经了解清楚，如果不按时迁出明显属于恶意违约。

6.补充协议中可以约定清楚：卖方认为违约金日万分之五不高，放弃对违约金调整的权利。尽量约束违约方的调整权利，增加违约成本逼迫违约方继续履约。

7.《上海市高级人民法院关于商事审判中规范违约金调整问题的意见》第九条规定，实际损失无法确定的，可以参照不超过银行同类贷款利率4倍的标准进行调整。补充协议中可以约定调整的标准，以防违约方过度调低违约金。

8.《上海市常住户口管理规定》第三十二条如果能真正落地，那户口问题将迎刃而解。

四 常见争议

【实务案例1】 迁出户口的诉讼请求，一般不予受理。

衢州市柯城区人民法院审理郑某某与崔某某、毛某某房屋买卖合同纠纷〔案号：（2015）衢柯巡民初字第301号〕时认为：

户口登记工作，由各级公安机关主管。户口迁移问题属于行政管理问题，不属于人民法院民事案件的受理范围。综上，依照《中华人民共和国户口登记条例》第三条，《中华人民共和国民事诉讼法》第一百一十九条、第一百五十四条第一款第（三）项之规定，裁定如下：驳回原告郑某某的起诉。

【实务案例2】 未按合同约定迁出户口，要承担违约责任。

上海市徐汇区人民法院审理戴某某与叶某某房屋买卖合同纠纷〔案号：（2020）沪0104民初13287号〕时认为：

原、被告签订的《上海市房地产买卖合同》及《补充协议》,系双方当事人真实意思表示,合法有效。依法成立的合同,对当事人具有法律约束力,双方应当遵循诚实信用原则,按照约定履行自己的义务。被告抗辩称系争房屋内留存的某户口并非其本人的,合同约定的是将被告户口迁出。但买卖合同补充条款明确约定被告负有将房屋内原有户口全部迁出的义务,被告的抗辩意见与合同不符,本院不予采纳。双方补充协议约定被告应在2017年4月1日前迁出户口,现房屋内仍留有被告继父户口,故被告违反约定,应按约承担相应违约责任。庭审中被告提出了违约金过高的抗辩意见,根据《中华人民共和国合同法》及相关司法解释的规定,违约金是否过高应当以因违约所遭受的实际损失为基础进行考量,因目前未有证据证明因被告逾期迁出户口给原告造成的实际损失,且未迁出户口并非被告本人,本院综合考虑被告过错程度、合同总价款、违约时间等因素对违约金数额酌情予以调整。因系被告违约,该部分诉讼费应由被告承担。

【实务案例3】 逾期迁户口违约金过高,请求法院予以调低。

上海市松江区人民法院审理顾某某与张某某房屋买卖合同纠纷〔案号:(2016)沪0117民初16212号〕时认为:

原、被告签订的《户口迁移补充协议》系当事人真实意思表示,合法有效,当事人应当按照约定履行自己的义务。根据该份补充协议,被告应在2016年1月31日前向房屋所在地的公安派出机构办理原有户口的全部迁出手续,每逾期一日应按房款总价千分之二支付违约金。现被告逾期,至今未迁出户口,应承担逾期迁户口的违约责任;被告于庭审中提出约定的逾期迁户口违约金过高,请求法院予以调整,本院酌情将违约金标准调整为日万分之五。

第十二章
户口迁出的责任承担

【实务案例4】 法院支持迁出户口的特殊案例。

上海市徐汇区人民法院审理杨某1、杨某2、居某2与王某、陈某某房屋买卖合同纠纷〔案号：（2016）沪0104民初31911号〕时认为：

依法成立的合同，对当事人具有法律约束力。当事人应当按照约定全面履行自己的义务。本案中，杨某1、案外人居某1、杨某2、居某2与王某、陈某某签订的《上海市房地产买卖合同》系双方当事人的真实意思表示，合法有效，双方当事人均应恪守。

本案争议的焦点在于系争房屋逾期办理过户登记是否构成违约以及何方违约。因案外人居某1于2016年2月29日即合同约定的过户当日死亡，须先处理其遗产继承，势必导致双方无法按照合同约定的过户日期办理过户手续，相应地，合同约定的交房和迁出户口日期亦应顺延，故此时逾期办理过户登记系因不可归责于当事人双方的事由，双方均无过错，不构成违约。2016年10月12日，杨某1方办妥案外人居某1的继承公证，根据公证书，案外人居某1买卖合同的权利义务以及对系争房屋所享有的权利依法由其继承人杨某1、居某2、杨某2共同继承。至此，系争房屋过户的障碍已经消除，杨某1方也已支付除尾款外的全部房款，合同理应继续履行。王某方同意履行合同，但因杨某1方办理继承公证时间过长，给王某方造成损失，要求杨某1方支付违约赔偿后再配合办理过户手续。

本院认为，杨某1方在案外人居某1死亡后办理继承公证的时间长达七个多月，明显超过合理期限，在办理完继承公证后，王某方对履行合同并无异议，只是双方对违约赔偿事宜不能达成一致，故此时王某方亦不构成违约。本案系争房屋先是因案外人居某1死亡而未能办理过户，不可归责于任何一方，过户障碍消除后，双方虽对赔偿不能达成一致，但均有继续履行合同的诚意，因此，双方均不构成违约，互不承担违约责任。鉴于双方均同意履行合同，按照合同约定，王某方应当配合办理过户，交付房屋并办理户口迁出手续。杨某1方亦应当于房屋交付时支付剩余房款3万元，为避免讼累，本院对剩余房款的支付一并处理。此外，杨某1方办理继承公证超过合理期限，使合同履行以及办理过户登记的时间都处于不确定状态，给王某方置换购房造成一定障碍，但尚不足以阻碍王某方置换购房，且王某方并无充分证据证明其实际损失，故本院为平衡双方的利益关系，根据公平原则和诚实信用原则，兼顾合同的履行情况和当事人的过错程度等因素，酌情确定由杨某1方补偿王某方15万元。

第十三章

补充条款的效力

第十三章 补充条款的效力

一 条款内容

第十二条 经甲、乙双方协商一致，在不违反有关法律、法规的前提下，订立的补充条款或补充协议，为买卖合同不可分割的一部分。本合同补充条款与正文条款不一致的，以补充条款为准。

二 条款解读

本条款是对房屋买卖合同中补充条款效力的约定，条款虽然简单，但交易中的核心内容通常都在补充条款中。

三 签约技巧

1.补充协议内容要合法合规，实务中的做高或者做低房价条款，在产生争议时通常都会被认定为无效条款。

2.时间顺序：补充协议一般都在主合同后面，是对主合同细节的详细约定，实务中通常按补充协议的约定来履行。

3.从属关系：补充协议是主合同的从属合同，依附于主合同而存在。

4.主合同与补充协议产生矛盾时，通常以补充协议为准。

5.签订补充协议时的当事人主体要与房屋买卖合同网签主体保持一致,如果房屋买卖合同网签主体和补充协议的签订主体不一致,出现纠纷时,可能存在未在补充协议上签字的主体否定补充条款的风险。

6.补充协议要具备合同的形式要件,否则会出现补充协议效力瑕疵的问题。

7.鉴于补充协议的优先效力,老王建议在签订时尽量不要和主合同产生矛盾。

8.本条款实质上是合同意思自治原则的充分体现,而且补充条款也是合同实际履行比例最高的条款。

四 常见争议

【实务案例1】违反法律规定,部分无效。

上海市宝山区人民法院审理张某与陈某、陈某某房屋买卖合同纠纷〔案号:(2019)沪0113民初6304号〕时认为:

当事人的合法权益应受法律保护。张某与陈某、陈某某签订的《上海市房地产买卖合同》约定了房屋成交价为267万元,并对系争房屋买卖事宜做了详细约定,签订买卖合同当日,双方另行签订协议书,约定陈某等还需支付装修补偿款52万元,张某净到手价为319万元。对此,张某主张系争房屋总价为319万元,因陈某等想规避税费而做低房价,故签订了相关协议;陈某等主张其在签订合同时未看过房,当时约定房屋总价为267万元,协议书中的52万元就是对房屋装修款的约定,不存在做低房价,其认为房屋装修不值52万元,属重大误解,故应予以撤销。

根据本院查明事实,综合原、被告双方及第三人德佑公司的陈述,结合协议书中的具体内容,本院认为张某的说法更具有可信度。张某与陈某、陈某某就系争房屋签订的《上海市房地产买卖合同》、协议书、补充协议中,有关对系争房屋进行买卖交易的内容系双方当事人的真实意思表示,该房屋实际转让价款总额应为319万元。双方为做低房价、规避税费而约定的相关价格条款应属无效,但不导致该合同其余部分无效,陈某等认为合同应撤销的辩称意见本院不予采纳。关于合同不能继续履行的原因,本院认为,陈某等主张的房屋渗、漏水问题,不能对抗其支付房款的义务,故张某认为陈某等未在合同约定时间支付相应房款,构成违约而要求解除合同的主张,具有事实及合同依据,本院予以准许。合同解除后,张某要求陈某等返还房屋,陈某等要求返还已支付房款59万元,于法有据,本院予以支持。陈某等构成违约,张某主张违约金,符合合同约定,本院予以准许。至于违约金数额,本院综合考虑合同履行程度、陈某等的违约程度以及张某的损失大小,酌情确定为9万元。

【实务案例2】合同正文条款与补充条款不一致,以补充条款为准。

上海市第二中级人民法院审理夏某某、李某与葛1、孙某、葛2房屋买卖合同纠纷〔案号:(2016)沪02民终2442号〕时认为:

夏某某、李某以葛1、孙某、葛2未按约支付第二期房款并到交易中心办理过户手续为由要求解除双方之间的房屋买卖合同并拒绝继续履行该合同。虽房屋买卖合同第六条约定双方于2015年10月20日共同到交易中心办理过户手续,但结合房屋买卖合同附件三即付款协议对第二期房价款的支付做出具体明确约定的情况,本院认为2015年10月20日是双方对申请办理过户时间的预估,且合同第十一条明确约定补充协议与正文条款不一致的,以补充条款为准,故葛1、孙某、葛2在银行贷款申请获批后及时要求办理过户手续符合合同约定,并不存在违约行为。夏某某、李某关于葛1、孙某、葛2怠于向银行申请贷款的说法没有事实依据且有违常理。根据已生效判决,夏某某、李某要求解除上述房屋买卖合同的诉请未获支持,故夏某某、李某应继续履行其合同义务。原审法院所做判决并无不当,应予维持。

【实务案例3】补充协议依附于主合同,解除后不影响主合同的效力。

上海市浦东新区人民法院审理宋某某、王某某与史某房屋买卖合同纠纷〔案号:(2018)沪0115民初45568号〕时认为:

原、被告就系争房屋签订的《补充协议》系双方真实意思表示,且不违反国家法律、法规的相关规定,依法有效,双方均应恪守履行。

原告主张双方签订《补充协议》时无法预见户口管理规定出台,属情势变更,要求解除《补充协议》,被告返还赔偿款。对此被告辩称上述协议系双方真实意思表示,且该协议约定的内容在户口管理规定出台实施前已履行完毕,不符合法律规定情势变更适用的条件,不同意原告的诉讼请求。本院认为,依据庭审查明的事实及相关证据,被告的上述辩称意见符合法律规定和合同依据,本院予以采信。原告要求解除《补充协议》及被告返还赔偿款14万元的诉讼请求,缺乏相应的法律依据,本院不予支持。

第十四章
合同生效方式

第十四章
合同生效方式

一、条款内容

第十三条　本合同自＿＿＿＿＿＿＿＿＿＿＿＿＿＿＿之日起生效。

二、条款解读

本条款是对房屋买卖合同生效时间的约定，理论上存在合同成立、合同生效的区别，实践中容易将二者混为一谈。

三、签约技巧

1.通常，约定合同自签字或者盖章之日起生效。

2.合同成立与合同生效的区别。合同成立是指合同订立过程的完成，也即主体对合同的基本内容达成一致意见。合同生效则指依法成立的合同为使其具有法律所赋予的约束力而产生的效力。《中华人民共和国合同法》关于合同成立的时间有两条规定：承诺生效时合同成立（第二十五条）；当事人采用合同书形式订立合同的，自双方当事人签字或者盖章时合同成立（第三十二条）。

3.在大多数情况下，合同成立时即具备了生效的要件，因而其成立和生效时间是一致的。《中华人民共和国合同法》第四十四条第一款规定："依法成立的合同，自成立时生效。"但是合同成立并不等于合同生效。《中华人民共和国合同法》第一次将合同的成立与生效区分开来，体现在《中华人民共和国合同法》第四十四条、第四十五条和第四十六条的规定中。

4.合同如果没有类似附加条件或者履行特殊审批手续的约定，合同自签字或者盖章之日起生效。

5.有些合同的生效需满足特殊约定，比如上海地区公房转让协议一般这样约定：A与B签订的《上海市公有住房承租权转让合同》是双方的真实意思表示，合同成立，但根据该合同第十二条的明确约定，本合同自房地产交易管理机构审核同意并出具《准予公有住房差价交换通知书》之日起生效，因此，双方签订合同时合同成立但尚未生效。

6.合同成立后但未生效时，因其不受国家强制力的保护，所以当事人在生效前解除合同不必承担违约责任。合同成立后未生效但已履行，当事人仅能就缔约过失请求对方承担缔约过失赔偿责任。

四 常见争议

【实务案例1】签字、盖章、捺印，具备一项合同就成立。

上海市黄浦区人民法院审理王某某与沈1、郭某某、沈2房屋买卖合同纠纷〔案号：（2016）沪0101民初25861号〕时认为：

当事人采用合同书形式订立合同的，自双方当事人签字或者盖章时合同成立。沈1、郭某某、沈2系上海市中山南一路×××弄×××号×××室房屋共同权利人,且《房地产买卖居间协议》亦载明沈1、郭某某、沈2系共同出售方,故《房地产买卖居间协议》应自沈1、郭某某、沈2、王某某共同签字或者盖章时成立。现沈2尚未在该协议上签字或盖章,故协议未成立,王某某要求解除协议及主张违约金无法定或约定依据,不予支持。王某某另要求沈1、郭某某、沈2返还原告定金5万元,但并未提供证据证明沈1、郭某某、沈2已收取了该笔定金,事实依据不足,亦不予支持。

【实务案例2】未履行审批手续,成立但未生效。

上海市徐汇区人民法院审理居某某与黄某某房屋买卖合同纠纷〔案号:(2015)徐民四(民)初字第1211号〕时认为:

根据法律规定,合同生效的要件除符合法律强制性规定外,当事人对合同的效力可以约定附条件。附生效条件的合同,自条件成就时生效。本案中,原、被告就系争房屋承租权转让达成一致意见,并签订《上海市公有住房承租权转让合同》等文件。双方在转让合同中约定"本合同自交易管理机构审核同意并出具《准予公有住房差价交换通知书》之日起生效"。该约定是双方当事人的特别约定,其并未违反法律强制性规定,当事人的意思自治应当予以尊重,该约定属有效约定,应当从其约定。鉴于转让合同至今未能取得交易管理机构的审核同意,故转让合同的生效条件尚未成就,合同虽已成立,但尚未生效。成立但尚未生效的合同不是合同解除的对象,故原告要求解除转让合同不具有法律依据,本院不予支持。

根据转让合同约定,"双方自本合同签订之日起三十日内,持有关材料至交易中心办理该公有住房承租权的转让手续",但是双方自2014年6

月4日签订转让合同至今,仍未能办理承租权转让手续。双方对此各执一词。原告称其2015年2月底审核通过《上海市公有住房差价换房征询表》后已及时通知被告履行合同,但是被告一直拖延,因被告违约故提出本案诉请。被告称,因原告个人原因,拖延过长时间才取得《上海市公有住房差价换房征询表》,并非被告违约,被告要求继续履行合同。

对此,本院认为,公有住房承租权转让过程需先经有关物业管理部门审核签章《上海市公有住房差价换房征询表》后,方可至房地产交易中心办理承租权转让手续。双方居间协议、转让合同、补充协议中均未明确《上海市公有住房差价换房征询表》审核通过的期限,仅笼统约定"双方自本合同(转让合同)签订之日起三十日内"即2014年7月5日前,"持有关材料至交易中心办理该公有住房承租权的转让手续"。但《上海市公有住房差价换房征询表》直至2015年2月底才审核通过,此时已经远远超过转让合同原定的办理承租权转让手续的时间,若要继续进行系争房屋承租权转让,则需要双方就合同相应条款重新协商。而双方也确实进行多次口头、书面协商,但因双方均未能接受对方方案,导致协商未果。此并不能得出任何一方违约的结论,不能因为双方未能就此达成一致意见而归责于任何一方。虽目前并无证据表明系原告个人原因导致《上海市公有住房差价换房征询表》审核时间长达八个多月,但此时间之长,实不合常理。故原告现称被告违约,应承担违约责任,不具有事实和法律依据,本院不予支持。

双方就系争房屋承租权转让问题至今未能达成一致意见,而原转让合同已经无法实际履行。为避免当事人讼累,对合同无法继续履行的法律后果,本院予以一并处理。因双方互不承担违约责任,原告要求没收被告支付的25万元定金依据不足,该25万元已包含在房款内,在合同无法继续履行后原告应向被告返还该款项。

第十四章
合同生效方式

【**实务案例3**】成立但无效,承担缔约过失责任。

上海市浦东新区人民法院审理陆某某与袁某某、周某某房屋买卖合同纠纷〔案号:(2019)沪0115民初87410号〕时认为:

本案的争议焦点在于原告陆某某与被告袁某某之间形成的《上海市房地产买卖合同》的效力。(2017)沪0115民撤26号民事判决中已经认定,无论在该案还是(2016)沪0115民初68112号案中,袁某某均陈述其与陆某某间并无买卖系争房屋真实意思,是根据案外人冯某的安排以房屋为借款做担保。在(2018)沪01民终8136号案件的审理过程中,袁某某又提出以房抵债的主张。本案中,袁某某又赞同陆某某的观点认为其与陆某某间是真实的房屋买卖关系。袁某某对其与陆某某之间的法律关系出现三种性质截然不同的陈述,其行为有违诚信亦违反了禁止反言的原则,本院对其在本案中提出的主张不予采纳,认定被告袁某某自始至终并无出售房屋给陆某某的意思表示。

生效判决基于陆某某、袁某某与案外人王某某之间关于看房事实陈述的前后反复、相互矛盾,从而认定陆某某在购房前未至系争房屋内现场察看。陆某某与袁某某也并非在双方在场的情况下签订案涉买卖合同。陆某某实际支付房款的时间、金额与合同约定不一致,且在尚未取得系争房屋产权的情况下就足额支付了约定款项。诚如陆某某所述,其作为以自住为目的的购房人,却在房屋尚未过户到其名下之前,将自购房屋作为公司借款的担保,显然与常理不符。在案涉合同形成之前,系争房屋上就设立了抵押权,陆某某在签订案涉合同时就明知在合同约定的期限内完成系争房屋过户的约定无法履行。而在合同约定的房屋过户期限届满之后,陆某某先是以民间借贷为由起诉袁某某意图取回已付款,继而又撤回该案起诉转而以房屋买卖合同为由起诉袁某某继续履行案涉合同即（2016）沪0115民初68112号案，现该案判决已被撤销。陆某某上述种种行为不符合一名正常购房人的心态和行为特征，与正常的房屋交易习惯相悖，其不属于善意相对人。

综上，本院难以认定陆某某与袁某某间就系争房屋存在买卖的真实意思表示。因此，陆某某与袁某某间的《上海市房地产买卖合同》因缺乏买卖房屋的真实意思表示而无效。原告陆某某请求解除双方间房屋买卖合同的请求，缺乏事实和法律依据，本院不予支持。

合同无效后，因该合同取得的财产应当予以返还；有过错的一方应当赔偿对方因此所受到的损失，双方都有过错的，应当各自承担相应的责任。原告陆某某已经支付的330万元应予返还，被告袁某某亦同意返还，对原告该项诉请，本院予以支持。关于原告主张的房屋差价损失。合同无效损失赔偿的性质属于缔约过失责任，其赔偿对象为信赖利益，而信赖利益损失是指缔约人信赖合同有效成立，但因法定事由发生，致使合同不成立、无效或者被撤销等而遭受的损失，包括直接损失与间接损失。本案中，原告陆某某与被告袁某某之间并不存在买卖房屋的真实意思，因此也就不存在原告陆某某错失在同时段购买其他房屋获利机会的间接损失。据此，原告陆某某主张的房屋差价损失不属于本案合同无效后可予赔偿的损失范围。原告陆某某请求被告袁某某赔偿房屋差价损失的请求，本院不予支持。被告周某某并非案涉合同的当事人，其在两名被告间合同项下的行为与本案无涉，根据合同相对性原则，原告陆某某以被告周某某对两名被告之间的合同无效负有过错责任为由请求其承担案涉合同项下的连带付款责任的诉请，没有法律依据，本院不予支持。

第十五章
争议解决方式

第十五章 争议解决方式

一 条款内容

第十四条　本合同适用中华人民共和国法律、法规。甲、乙双方在履行本合同过程中发生争议的，可以协商解决，也可以向有关部门申请调解，或选择以下第_____项方式解决。

（一）向上海仲裁委员会申请仲裁。

（二）依法向_____人民法院起诉。

二 条款解读

本条款是对房屋买卖合同交易过程中出现争议选择争议解决方式的约定。

三 签约技巧

1.仲裁与诉讼的基本区别如下：

（1）两者只能二选一。选择了仲裁，就不能到法院进行诉讼，即你自己已放弃了诉讼的权利。

（2）程序不同。仲裁是一裁终局的，当事人申请撤销时法院不会从实体处理中审查，如程序中有明显错误时可以撤销。诉讼是如果对一审不服可以上诉，对二审不服可在二年内申请再审，法院有相关的法定监督机构和救济程序。

（3）保密程度不同。仲裁庭审理案件具有保密性，案情不公开，裁决不公开。人民法院实行案件公开审理原则，但依法不应公开审理的除外。

（4）收费不同。仲裁费没有规定可以减交、缓交、免交，法院有相关规定。而且，仲裁收费要高于法院收费。以涉及100万元数额为例：法院诉讼诉调阶段一般没有费用，简易程序6900元，普通程序13800元；仲裁程序案件受理费18550元，案件处理费11600元，共计30150元。

如果需要财产保全查封房产，仲裁机构还需要委托法院处理，这样时间上可能会造成延迟。

2. 从支出的费用和保全阶段的效率对比来看，老王还是建议选择诉讼处理。

3. 如果选择了诉讼解决，接下来就是选择哪个法院管辖的问题。合同的双方当事人可以在书面合同中协议选择被告住所地、合同履行地、合同签订地、原告住所地、标的物所在地人民法院管辖，但不得违反有关法律对级别管辖和专属管辖的规定。

房产是不动产，虽然可以选择上述法院，但老王还是建议选择房产所在地的法院管辖。

4. 合同份数感觉不存在技术方面的难度，但真正产生纠纷时，内容是否一致、条款有冲突时依据哪一份为准等问题也会比较棘手。

四 常见争议

【实务案例1】 尽量选择适用我国的法律。

深圳市中级人民法院审理祖某某与钟1、钟2房屋买卖合同纠纷〔案号：（2017）粤03民终2563号〕时认为：

本案为房屋买卖合同纠纷。关于祖某某上诉所称祖某某的配偶崔某某对出售房屋不知情、不同意的问题，本院认为，因祖某某、崔某某均系台湾地区居民，本案属涉台民事案件，根据《最高人民法院关于审理涉台民商事案件法律适用问题的规定》第一条第二款的规定，应参照《中华人民共和国涉外民事关系法律适用法》第二十四条有关夫妻财产关系的规定，以确定准据法并进而认定涉案房屋是否系祖某某、崔某某的夫妻共有财产。因祖某某、崔某某未举证证明其曾约定夫妻财产关系应适用何地法律，且双方共同经常居所地亦非祖国大陆，参照《中华人民共和国涉外民事关系法律适用法》第二十四条关于"夫妻财产关系，当事人可以协议选择适用一方当事人经常居所地法律、国籍国法律或者主要财产所在地法律。当事人没有选择的，适用共同经常居所地法律；没有共同经常居所地的，适用共同国籍国法律"之规定，本案应适用台湾地区法律确定涉案房屋是否为该二人共有财产。

祖某某与崔某某于1991年1月6日在台湾地区结婚，讼争房产登记在祖某某名下，系在双方夫妻婚姻关系存续期间所取得。按本院委托深圳市××现代法律服务发展中心所做出的法律查明意见书内容，台湾地区有关规定认为首先须视该夫妻有无于结婚前或结婚后，以书面契约约定其夫妻财产制为"分别财产制"或是"共同财产制",如已书面约定采"共同财产制"或约定为其夫妻共同共有,应至台湾地区法院办理登记后方具有对抗他人的效力;若夫妻未以书面契约约定夫妻财产制,则适用"法定财产制",即夫妻之财产不论婚前或婚后财产,均应由夫妻各自所有。本院认为,前述法律查明意见,由台湾地区执业律师出具,其中详细记载了台湾地区有关规定内容及适用参考意见,并经两岸公证机构证实出具人身份的真实性,本院予以采纳参考。鉴于祖某某、崔某某不能提交其在台湾地区法院登记的共有财产书面约定,本院认定讼争房产应属祖某某单独所有,其基于配偶对处分夫妻共有财产不同意、不知情所提出的不能继续履行主张,本院不予支持。

  关于本案双方是否构成违约的问题。就祖某某未履行赎楼义务是否构成违约的问题,根据双方签订的房屋买卖合同约定,祖某某应自行赎楼并在2014年12月15日之前完成赎楼并注销抵押登记,虽然其后双方又签订补充合同约定买方支付定金可延期至2015年11月15日前,但未就赎楼事项同时作出变更约定,祖某某未在2014年12月15日之前完成赎楼并注销抵押登记,已构成在先违约。虽然祖某某主张赎楼亦应相应顺延,但除其单方陈述外,并无证据证明钟1曾同意延期赎楼,根据《中华人民共和国合同法》第七十八条关于当事人对变更合同的约定不明确则视为未变更的规定,本院对其此项主张不予支持。

  就钟1未履行付款义务是否构成违约的问题,本案双方在买卖合同中仅于租金支付条款中记载了尾号为9660的账号,虽未明确记载支付购房定金及首期款的账号,但付款系买方的主要合同义务,在钟1向祖某某支付租金的过程中,祖某某已向其提供了尾号分别为2023、9660、6192的共三个账号,双方微信消息往来中钟1亦予确认。因钟1在本案中未举证证明在2015年11月5日向9660账号汇入定金被退回后,已要求祖某某明确其他收款账号,在双方对于购房款没有特别约定监管账户的情况下,钟1也未按其掌握的祖某某其他账号信息继续支付,在本案中没有证据显示钟1确系因祖某某未完成赎楼而行使抗辩权暂停支付房款的情况下,钟1亦已构成违约。

鉴于双方均有违约行为,根据《中华人民共和国合同法》第一百二十条关于双方违约应各自承担违约责任的规定,本院对双方主张的违约金请求均不予支持。依诚实信用原则,当事人在其自身违约的情况下亦无权以对方违约为由主张解除合同,本院对一审判决关于继续履行合同的处理予以维持。根据双方补充合同的约定,房屋先行交付后的租金付至过户当日,钟1本案应付的租金亦应相应计至本案判决确定的过户期限届满之日。双方合同约定的4万元"押金"已向祖某某支付,鉴于合同对于押金系约定在2014年12月31日后自动转为购房定金,故视为已付的购房款,钟2应支付的剩余购房款为1424万元(1428万元-4万元)。因涉案房屋已由钟1占用,无须再判令由祖某某向钟2交付。

【实务案例2】 仲裁或者诉讼二选一。

上海市虹口区人民法院审理曹某某与杨1、杨2房屋买卖合同纠纷〔案号:(2016)沪0109民初17909号〕时认为:

根据原、被告签订的《上海市房地产买卖合同》的约定,双方在履行本合同过程中发生争议的,可以协商解决,也可以向有关部门申请调解,或向上海市仲裁委员会申请仲裁。故原告应向上海市仲裁委员会申请仲裁,本案不属于法院管辖范围。

【实务案例3】 协议管辖,不能违反专属管辖。

上海市第二中级人民法院审理梁某某房屋买卖合同纠纷〔案号:

(2018)沪02民终9196号〕时认为:

根据《中华人民共和国民事诉讼法》第一百一十九条的规定,起诉必须符合下列条件:①原告是与本案有直接利害关系的公民、法人和其他组织;②有明确的被告;③有具体的诉讼请求和事实、理由;④属于人民法院受理民事诉讼的范围和受诉人民法院管辖。现上诉人梁某某原审诉请为请求判令确认其与被起诉人刘某某、蒋某某签订的《动迁房预售预购合同》合法有效,继续履行并支付逾期交房违约金219000元,提供了《动迁房预售预购合同》、收款收据等证据材料,上述证据材料符合本次诉讼的立案条件。本案系房屋买卖合同纠纷,本案诉请及涉及的办理系争房屋进户手续等仍属于合同纠纷,适用合同纠纷管辖或协议管辖。现双方已协议约定如发生争议可向原审法院提起诉讼,故原审法院以约定违反专属管辖无效而不予受理欠妥,本院予以纠正。原一审法院〔案号:(2018)沪0110民初17918号〕认为:起诉人在本案中提起的诉讼请求涉及不动产权利的变更,属于不动产专属管辖,虽然合同中约定发生争议向上海市杨浦区人民法院起诉,但是该约定因违反专属管辖的规定而属无效。因本案系争房屋在松江区,故本院对本案无管辖权,起诉人可以向有管辖权的法院提起诉讼。综上,起诉人的起诉,不符合起诉条件。据此,依照《中华人民共和国民事诉讼法》第一百一十九条第四项、第一百二十三条之规定,裁定如下:对梁某某的起诉,本院不予受理。

第十六章
合同文本数量

一 条款内容

第十五条　本合同一式__份，甲、乙双方各执__份，_____、_____和_____房地产交易中心各执一份。

二 条款解读

本条款是对合同文本数量的约定。

三 签约技巧

1. 合同文本一般需要六份，具有同等法律效力。
2. 核对一下各份合同的文本内容是否一致。
3. 自己尽量持有一至二份。

四 常见争议

【实务案例1】一方提出双方合同内容不一致,需出示己方合同。

上海市第一中级人民法院审理上诉人(原审被告)上海剑婵国际贸易有限公司(简称剑婵公司)与被上诉人(原审原告)买卖合同纠纷〔案号:(2009)沪一中民四(商)终字第257号〕时认为:

本案二审中双方的主要争议焦点与原判所列基本一致,本院分别予以阐述:关于争点一,按常理,书面合同应由合同当事人各执一份,故本院有理由相信剑婵公司也持有争议合同原件,其理应提交其持有的证据原件以印证其关于麟樽公司擅自涂改证据的主张。剑婵公司称因保管不慎遗失合同,但未能提供合理理由,本院难以采信。根据《最高人民法院关于民事诉讼证据的若干规定》第七十五条的规定,有证据证明一方当事人持有证据无正当理由拒不提供,如果对方当事人主张该证据的内容不利于证据持有人,可以推定该主张成立。故应由剑婵公司承担举证不能的后果,本院依法确认弥勒市建材公司是剑婵公司指定的收款人。

关于争点二,虽然剑婵公司提交的铁路运单和随单检验报告均记载货物系硅锰合金,但检验报告与发货时间相隔两个多月,检验报告亦未能证明送检货物与所交付货物的同一性;加之托运手续由剑婵公司一方办理,非经到站验收和双方确认,而麟樽公司收货时即在供料单上将货物品名改为高碳锰铁,剑婵公司并未及时提出异议。相反,剑婵公司为此笔货物所开具的增值税发票也明确货物品名为高碳锰铁,综合上述因素,本院认定该批货物是高碳锰铁。

第十六章
合同文本数量

关于争点三，剑婵公司出具的对账单注明，该笔货物单价为7750元/吨，其中货价为7300元/吨，运费为450元/吨。根据双方的合同约定，剑婵公司应将货交至麟樽公司指定的铁路站港，运输费用由剑婵公司负担。故对账单中证明的该笔运费不应由麟樽公司承担。麟樽公司认为虽然合同约定的单价为6970元/吨，但仍表示接受按7300元/吨的单价进行结算于法不悖，本院予以认可。故本院认定该笔货物的单价应为7300元/吨。

关于争点四，就系争的16800元运费而言，经查该笔运费是2007年10月18日27.935吨高碳锰铁从剑婵公司上海仓库运往麟樽公司的客户所在地时发生的。虽然根据双方合同约定，该笔运费应由麟樽公司负担，且剑婵公司出具的《担保书》也仅声称其承担保证责任，但剑婵公司在事后出具的对账单中明确认可该笔运费系由麟樽公司代付。本院认为，根据对账单可推定双方对此笔运费的负担已达成新的约定，即由剑婵公司负担，因麟樽公司已实际代付，故剑婵公司应予返还。再就系争的44000元运费而言，经查该笔运费是2007年8月21日110吨硅锰合金从开远运往珠海时发生的。根据双方合同约定，应由剑婵公司负担。剑婵公司虽提供了承运人建水县馆驿汽车运输有限公司开具的运输发票，但发票并非付款凭证，且开票时间为2007年12月29日，显示的承运货物为"（高碳）锰铁"，与实际情况均有较大出入；加之剑婵公司未能提供付款凭证，也未能做合理说明，故对其已付运费的主张不予采信。而麟樽公司提供的驾驶员出具的两张收条和案外人鑫宇公司出具的说明，已证明鑫宇公司代垫运费并从应向麟樽公司支付的货款中抵扣的事实，故可视为麟樽公司代垫了该笔运费，剑婵公司应予返还。另据原审庭审笔录记载，原审法院在庭审过程中已组织双方对麟樽公司提供的关于44000元运费的三份证据进行质证，故对剑婵公司认为未经质证的主张，不予采信。

综上所述,剑婵公司的上诉主张均不能成立,原审判决并无不当,应予维持。但原审判决就诉讼费用负担分配比例确有不尽合理之处,故本院对双方分担比例予以适当调整。

据此,依照《中华人民共和国民事诉讼法》第一百五十三条第一款第(一)项之规定,判决如下:驳回上诉,维持原判。

【实务案例2】 没有合同原件,无法进行笔迹鉴定。

北京市第四中级人民法院审理申请人芜湖红花山园林绿化有限公司(简称红花山公司)与被申请人郭某某、寅丰联(北京)投资管理有限公司申请撤销裁决纠纷〔案号:(2020)京04民特721号〕时认为:

本案是当事人申请撤销国内仲裁裁决案件,应依据《中华人民共和国仲裁法》第五十八条的规定,对本案进行审查。《中华人民共和国仲裁法》第五十八条规定:"当事人提出证据证明裁决有下列情形之一的,可以向仲裁委员会所在地的中级人民法院申请撤销裁决:(一)没有仲裁协议的;(二)裁决的事项不属于仲裁协议的范围或者仲裁委员会无权仲裁的;(三)仲裁庭的组成或者仲裁的程序违反法定程序的;(四)裁决所根据的证据是伪造的;(五)对方当事人隐瞒了足以影响公正裁决的证据的;(六)仲裁员在仲裁该案时有索贿受贿,徇私舞弊,枉法裁决行为的。人民法院经组成合议庭审查核实裁决有前款规定情形之一的,应当裁定撤销。人民法院认定该裁决违背社会公共利益的,应当裁定撤销。"上述规定是人民法院撤销国内仲裁裁决的法定事由。

本案中,当事人对案涉《出借咨询与服务协议》中红花山公司的公章是否系伪造存在争议,本院根据红花山公司的申请决定启动司法鉴定程序,持有合同原件的郭某某明确拒绝提交合同原件,致使鉴定程序无法启动。根据《最高人民法院关于民事诉讼证据的若干规定》第三十一条第二款"对需要鉴定的待证事实负有举证责任的当事人,在人民法院指定期间内无正当理由不提出鉴定申请或者不预交鉴定费用,或者拒不提供相关材料,致使待证事实无法查明的,应当承担举证不能的法律后果"的规定,郭某某应就其不同意提交鉴定材料承担举证不能的法律后果。

经报最高人民法院审核批准,本院根据《中华人民共和国仲裁法》第五十八条第一款第(一)项、《最高人民法院关于适用〈中华人民共和国仲裁法〉若干问题的解释》第十八条规定,裁定如下:撤销北京仲裁委员会做出的(2020)京仲裁字第1527号仲裁裁决中红花山公司向郭某某承担民事责任的部分。

第十七章
补充条款（一）：自行约定内容

第十七章
补充条款（一）：自行约定内容

一　条款内容

二　条款解读

本条款是由双方自行约定填写的，一般来说，可能涉及的条款包括以下内容：

1.维修基金、管理费押金、电话初装费、煤气初装费、有线电视申请费等费用的处理，以及更名费的承担。

填写范例："甲方已经支付给该房地产发展商或物业公司或其他相关部门的维修基金（若有）、管理费押金（若有）、电话初装费（若有）、煤气初装费（若有）、有线电视申请费（若有）已包含在房地产转让价款中，上述费用双方不再另行结算；甲方应于本合同生效后十五日内将房地产转让情况告知业主委员会和物业管理公司，并在本交易完成当日或双方另行协商的其他时间，甲、乙双方办理上述事宜之变更手续，但以上各项的更名费由乙方承担。"

该约定作为买卖合同的附随义务，主要目的是为买方购房后相关手续的变更提供便利条件。实践中，买方携带相关资料可以单方办理。

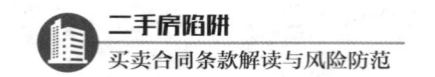

2.固定装修及附属设施的处理。

填写范例:"若该房地产内有附属设施、固定装修等,其价格均已包含在房屋价款内,并随房屋一并转让于乙方。"

一般来说,房屋的固定装修与房屋是不可分离的,不另行结算房价款;但是,附属设施是否不再另行结算差价双方可以自行协商确定。多数情况下对于上述情况出售人在定价时是有所考虑的,单独结算的情况较少。

另外,出于做低房价规避税费的目的,这个条款的使用频率反而较高,一般还会通过签订补充协议的方式予以约束。对于类似的条款,在没有争议的情况下交易中心不会过多干预,只是在双方出现争议的情况下,有被法院认定为无效的风险。

3.税费承担问题。

填写范例:"乙方应承担并及时支付本交易所产生的所有税费,但乙方承担的税费总额以不超过_____元为限,超过部分各半承担。甲方自行或者委托税务机关出具房价款发票给乙方。买卖合同如需公证,公证费用由引发公证的一方承担,价款抵押合同如需公证,公证费用由乙方承担。"

一般,合同正文的约定是税费各自依法承担,如果双方实际上的税费承担方式并非各自依法承担,那么就可以在本处重新就税费问题进行约定。

4.资料保管和提供义务。

填写范例:"甲、乙双方应在本合同履行过程中各自及时提供本交易所需的书面材料和相关证明,若因任何一方书面资料、相关证明不齐导致双方无法共同办理产权转让等与本合同履行有关手续的,则该过错方应承担相应的责任。签订本合同后过户前,交易房屋的产权证原件由中介公司代为保管。"

第十七章
补充条款（一）：自行约定内容

5.产权证密码问题。

填写范例："若甲方已经在该房地产权证上设定密码，且甲方或者甲方代理人在本次产权过户时输入的密码错误或者遗忘密码，导致本次交易迟延履行或者无法履行的，甲方应当按照本合同正文第十条的约定承担违约责任。"

6.违约兜底条款。

填写范例："甲、乙双方中任何一方未按照本合同约定（包括但不限于本合同正文、本补充条款、本合同附件）履行，均视为违约，除另有约定外，应当参照本合同正文第九条、第十条约定的违约责任标准承担相应责任。"

房屋买卖过程中涉及的双方应当履行的义务很多，不限于迟延付款或者迟延过户、迟延交房，还可能涉及不配合申请贷款、不解除抵押、限购导致无法交易、迟延缴纳税金、迟延办理公证手续等一系列的问题，而且很多违约行为足以导致交易失败，所以合同有必要对于所有违约行为有一个全面的约定。

三 签约技巧

1.补充条款属于双方可以自由约定的部分，买卖双方可以把自己有顾虑的地方在此处约定清楚。

2.电话、有线电视、宽带等的手续变更，一定要约定清楚，否则户名可能一直是上家的，因此而影响自己的正常使用与心情。

3.对固定装修及附属设施最好列一个清单，每一项的名称、现状都要注明。

4.税费的承担通常有两种方式:一种是税费各付,另外一种是税费全部由买方承担。老王建议约定税费问题时要把买卖双方各自缴纳的税费及数额列举清楚,此其一;其二,对于签订合同时尚未产生的税费也要做出约定,实务中会出现新增的税费由哪一方承担的纠纷。

5.产证等资料由哪一方保管都是可以的,注明一旦发生争议产证应当如何处理才是关键。实务中,买卖双方发生争议后,保管产证的中介方持续扣留产证成为纠纷的顽疾。

6.设定密码而因为自己的原因影响交易进行,理应承担责任。

7.对于交易进行中没有全面考虑而发生的违约行为设计兜底条款很有必要。

8.双方对于其他协议中没有约定的内容,也可以在这个条款中予以约定。

四 常见争议

【实务案例1】违反附随义务,不支持违约金。

上海市第一中级人民法院审理张某某、毕某某与钟某某房屋买卖合同纠纷〔案号:(2016)沪01民终11620号〕时认为:

张某某、毕某某与钟某某签订的《房地产买卖居间协议》《上海市房地产买卖合同》及补充协议系双方当事人的真实意思表示,均属合法有效。关于交房之日甲方钟某某以每月4000元向乙方张某某、毕某某承租系争房屋一事,在居间协议及买卖合同中均有约定,只是买卖合同之补充条款（一）中又增加了两年租赁期限届满后甲方再以25000元整向乙方承租六个月的内容，由此说明，双方的房屋买卖合同关系从约定交房之日起转为房屋租赁合同关系，钟某某在租赁期限届满前无须实际交付房屋，故张某某、毕某某要求钟某某实际交付房屋并承担逾期交房违约金之诉请，与合同约定不符，一审判决不予支持当属正确。

关于张某某、毕某某提出其所购买的系争房屋为精装修房，需要确认房屋的设施设备及固定家具，另相应的维修基金、水电煤、电信、有线电视的相关凭证需要交接的问题，本院认为，对于合同中约定的精装修范围内的设施设备及固定家具，双方可自行商定办理清点确认之手续，而维修基金、水电煤、电信、有线电视等相关手续在房屋产权过户之后亦随之转到新业主名下，此均非实际交房之概念，即便需要出卖方配合，亦属附随义务，不得等同于迟延履行主合同义务而主张迟延交房之违约金。

综上所述，上诉人张某某、毕某某的上诉请求不能成立，应予驳回；一审判决认定事实清楚，适用法律正确，应予维持。据此，依照《中华人民共和国民事诉讼法》第一百七十条第一款第（一）项之规定，判决如下：驳回上诉，维持原判。

【实务案例2】固定装修另卖，一般是为了避税。

上海市宝山区人民法院审理还某、陆某与李某房屋买卖合同纠纷〔案号：（2020）沪0113民初9410号〕时认为：

本案的主要争议焦点为：还某、陆某与李某就本次交易的转让总价到底是430万元还是486万元。还某与李某于2019年8月23日签订的《房地产买卖居间协议》《房屋买卖合同》约定系争房屋及车位的转让总价均为430万元。还某与李某于同日签订的《补充协议》约定，房屋及车位转让价格为430万元，不包含该房地产附属设施设备、装修添附的价格，附属设施设备、装修添附的转让价为56万元，还某于签订《上海市房地产买卖合同》当日直接支付给李某。现还某、陆某主张系争房屋及车位总价即为430万元，《补充协议》中转让总价430万元不包含附属设施设备、装修添附的价格中"不"字系打印错误，实际附属设施设备、装修添附价格包含在430万元之中，且该条款系为了做低房价避税而设定，所谓附属设施设备、装修添附价格其实均为房价款。李某主张系争房屋及车位转让价430万元之外，还有附属设施设备、装修添附价款56万元，交易总价应为486万元。

　　本院认为，首先，《房屋买卖合同》约定，随同该房地产一起转让的附属设施、设备及室内固定装修的价格已包含在房价款430万元内，若非固定装修等一并随同转让，则详见附件约定。而双方于同一天签订的《补充协议》则约定了附属设施设备、装修添附不包含在430万元之内，与《房屋买卖合同》约定不符。在还某与李某于《房屋买卖合同》中就总价430万元含附属设施设备及装修添附价款已经谈妥的情况下，再让还某变更约定，另行支付56万元附属设施设备及装修添附价款的可能性较小。且56万元金额较大，而双方对于附属设施设备及装修添附的内容未做约定，不符合常理。其次，还某、陆某与李某签订的《上海市房地产买卖合同》约定的房价为360万元，车位价格为14万元，共计374万元，低于《房地产买卖居间协议》《房屋买卖合同》约定的价格430万元，更低于李某主张的486万元，双方存在做低房价的事实。《房地产买卖居间协议》《房屋买卖合同》约定的转让价格为430万元，两份《上海市房地产买卖合同》约定的转让价格为374

第十七章

补充条款（一）：自行约定内容

万元，两者之间的差额为56万元，与《补充协议》约定的附属设施设备、装修添附转让价格56万元一致。若如还某、陆某主张的附属设施设备、装修添附价格56万元包含在430万元总价中，则《房地产买卖居间协议》《房屋买卖合同》《补充协议》《上海市房地产买卖合同》中一系列的价格约定能够吻合。若如李某所言，430万元之外还存在附属设施设备、装修添附转让款56万元，则双方之间对于430万元的房屋、车位转让款与两份《上海市房地产买卖合同》约定的转让价格374万元之间的差额56万元如何支付未做过任何约定，显然有违常理。最后，居间方工作人员罗某证实还某、陆某与李某之间交易的真实总价为430万元，《补充协议》中430万元不包含附属设施设备、装修添附价格的"不"字系打印错误，实际应为430万元包含附属设施设备、装修添附价格。李某的丈夫在录音中的陈述也可以反映其在签订《补充协议》时就知道该协议存在打印错误。综上，还某、陆某的主张更为可信，本院予以采信。

《上海市房地产买卖合同》约定，李某于2019年12月31日前将房屋及车位交付给还某、陆某。还某、陆某已经按约向李某支付了转让款317万元，李某以还某、陆某还需支付房款56万元拒绝交付房屋，无合同及法律依据，已经构成违约。《上海市房地产买卖合同》约定，李某未按约定的期限将系争房屋及车位交付给还某、陆某，应当按还某、陆某已付款的日万分之五计算支付赔偿金，逾期超过15日后仍未交付的，还某、陆某有权单方解除合同，并有权要求李某承担违约责任，李某除应支付自本合同应交付期限之第2日起计算至还某、陆某发出书面解约通知之日止的赔偿金外，还应按照房屋总价的20%支付违约金。李某经还某、陆某催告后拒绝交房，还某、陆某委托律师向李某发出律师函要求解除合同，符合合同约定，《房屋买卖合同》《补充协议》《上海市房地产买卖合同》于李某于2020年1月17日收到律师函之日解除。还某、陆某要求李某返还已付款317万元,符合法律规定,本院予以准许。还某、陆某要求李某支付赔偿金、违约金,符合合同约定。鉴于违约金较高,李某要求调低符合法律规定,本院考虑合同的履行程度等因素酌情调整为25万元。李某要求继续履行合同,还某、陆某支付购房款56万元、违约金20万元及赔偿律师费2万元,本院不予准许。

第十八章
补充条款（二）：违反限购的责任承担

第十八章
补充条款（二）：违反限购的责任承担

一 条款内容

在签订本合同时，甲、乙双方均已知晓国家和本市住房限售规定，如因违反限售规定，房地产交易中心不予办理房地产登记，并出具《不予办理房地产交易、过户通知》的，甲、乙双方同意按下列约定处理：

（1）双方共同办理合同网上备案撤销等解除本合同手续。

（2）因未如实提供家庭情况及家庭成员名下拥有的住房情况等属于乙方责任，造成甲方经济损失的，乙方应赔偿相应的损失，乙方应承担违约责任，违约金为人民币_____元。

二 条款解读

本条款是对购房资格出现问题之后解决方式的约定，属于典型的纠纷频发地带。

三 签约技巧

（一）限购政策规定

1. 单身（见图18-1）。

（1）沪籍，单独名下有房，不可购买住房。

（2）沪籍，单独名下无房，和父母在2011年1月30日之前共有不超过2套（含2套）住房，可买1套住房。

（3）沪籍，单独名下无房，和父母在2011年1月30日之前共有3套及以上住房，不可购买住房。

（4）非沪籍，不可购买住房。

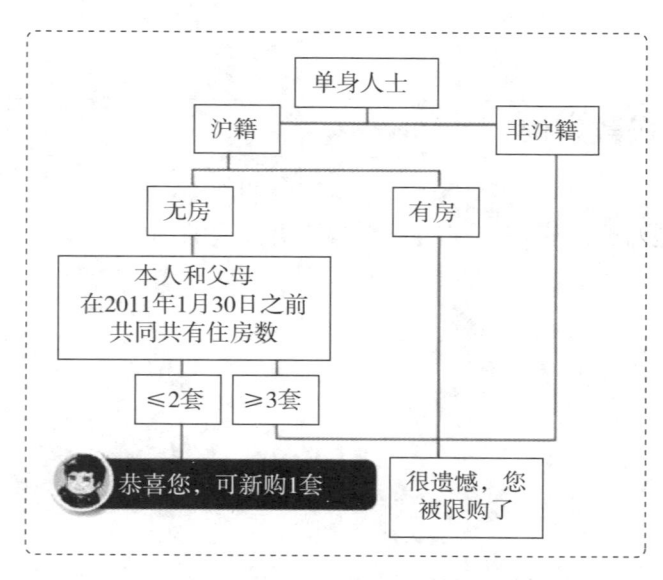

图18-1 单身人士限购政策规定

第十八章
补充条款（二）：违反限购的责任承担

2.已婚（见图18-2）。

（1）夫妻双方都是上海户籍。

①夫妻双方在2011年1月30日之前各自和父母共有不超过2套（含2套）住房可买2套住房。

②夫妻一方在2011年1月30日之前和父母共有3套住房，另一方无房，可买1套住房。

③夫妻一方在2011年1月30日之前和父母共有3套住房，另一方与父母共有1套住房，可买1套住房。

④夫妻一方在2011年1月30日之前和父母共有3套住房，另一方与父母共有2套住房，可买1套住房。

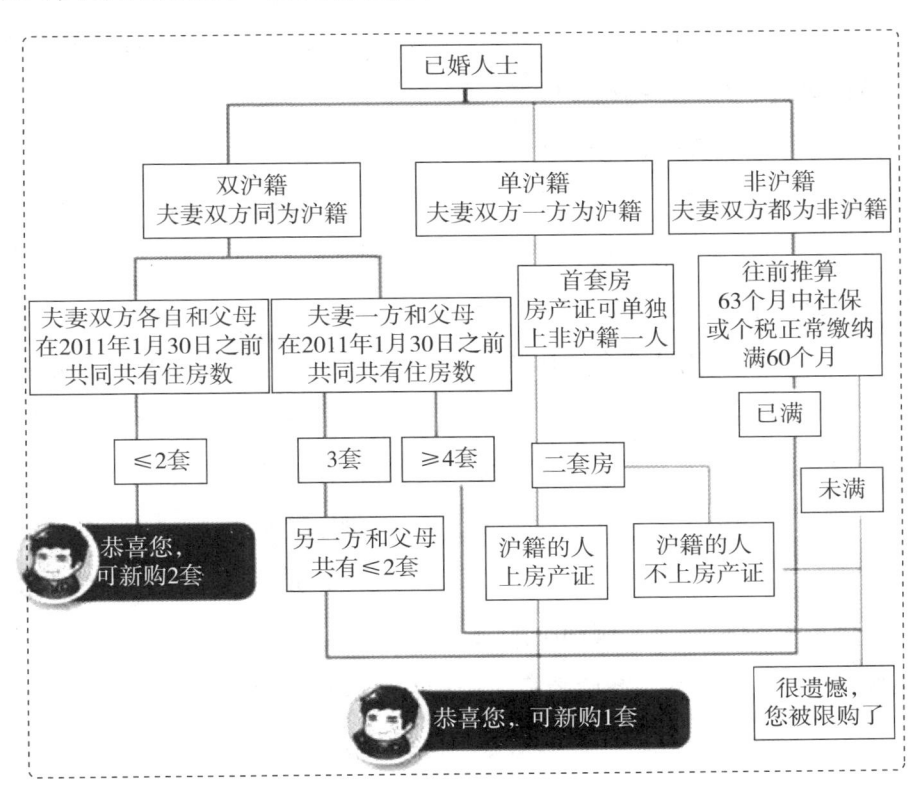

图18-2 已婚人士限购政策规定

⑤夫妻一方在2011年1月30日之前和父母共有4套及以上住房，不可购买住房。

（2）夫妻双方有一方是上海户籍，另一方是非上海户籍。

①购买首套房，房产证可单独上非上海户籍一人，但需提供满5年社保或满5年个税。满5年社保或满5年个税是指签合同当月不算，往前推算63个月中，社保或个税正常缴纳满60个月。上房产证的两个人提供其中一个人的即可，若一个人上房产证的，必须提供其本人的社保或税单。

②购二套房，上海户籍的人必须上房产证，否则限购。

（3）夫妻双方都为非沪籍。

自签订买卖合同前一个月开始计算，63个月内，满60个月正常按时缴纳社保或个税的，可购买1套住房。

3.特殊客群之购房政策。

（1）本市集体户口按上海户籍政策执行，但需要注意户籍证明号，如90、98、97为上海户籍。99是挂靠上海地区户口，并非上海户籍，按外地户籍政策执行。

（2）外国籍或港澳台同胞提供满一年的劳务合同，且在有效期内，可购买1套住房。

（3）在读博士、博士、博士后，已婚，并提供学校证明（学历证明），无须提供满五年社保或满五年个税，可购买1套住房。

（4）部队人员（须是军官）：原籍是上海户籍，按上海户籍政策执行，单身可购买1套，已婚可购买2套；原籍非上海户籍，按外地户籍政策执行，单身不可购买，已婚可购买1套。同时，需军官所在部队出具证明，并写明身份证号、军官证号、户籍状况、婚姻状况、有无未成年子女（如有，填写子女出生证编号）。

第十八章
补充条款(二):违反限购的责任承担

表 18-1 上海楼市新旧政策对比

项目			2020年1月22日前	2020年1月22日后
限购	本地户籍	单身	1	无变化
		已婚	2	
	非本地户籍	单身	0	
		已婚	1	
	购房资格	本地户籍	不限	
		非本地户籍	往前推算63个月中社保或个税正常缴纳满60个月	
		离异人士	不限	离异之日起3年内按离异前家庭总套数计算
限贷	首套房认定		认房又认贷	无变化
	首付比例		普通住宅 / 非普通住宅	
	无房、无贷款记录		35% / 35%	
	无房、有贷款记录		50% / 70%	
	有房、贷款已还清		50% / 70%	
	有房、贷款未还清		50% / 70%	
限售			居民不限售,企业限售5年	无变化
增值税及其附加税			普通住宅:<2年:(全额/1.05)×各区增值税及附加税率 ≥2年:免征	普通住宅:<5年:(全额/1.05)×各区增值税及附加税率 ≥5年:免征
			非普通住宅:<2年:(全额/1.05)×各区增值税及附加税率 ≥2年:(差额/1.05)×各区增值税及附加税率	非普通住宅:<5年:(全额/1.05)×各区增值税及附加税率 ≥5年:(差额/1.05)×各区增值税及附加税率

续表

项目	2020年1月22日前	2020年1月22日后
普通住宅标准	1.房屋类型：5层以上（含）的多高层住房，不足5层的里弄等 2.成交价格： 内环内≤450万元/套 内外环之间≤310万元/套 外环外≤230万元/套 3.建筑面积：单套≤140平方米	无变化
企事业法人	企业同时满足设立年限已满5年、累计缴纳税款金额达100万元、职工人数10名及以上且按照规定在该企业缴纳社保和公积金满5年（已缴纳税款金额满500万元以上除外） 仅限一手房，二手房无要求	一手房　五年限制出售 二手房　三年限制出售

（二）因限购导致合同解除、无法办理过户手续

法院通常认为，双方签订的上海市商品房预售合同是双方当事人的真实意思表示，合法有效，双方均应按照合同约定以及法律规定全面履行各自的义务。当事人一方不履行非金钱债务或者履行非金钱债务不符合约定的，对方可以要求履行，但法律上或者事实上不能履行的除外。如果买方未能提交材料证明个人符合上海市的限购政策，合同在事实上无法履行，应予解除，合同的相应网上备案登记亦应予以注销。

（三）因限购导致支付高额的违约金

在买方不符合上海地区限购政策，却与卖方签订房屋买卖合同的情

况下，涉诉房屋买卖合同履行过程中的相关风险，均应由买方承担。甲、乙双方签订合同后，因未如实提供家庭情况及家庭成员名下拥有的住房情况等造成合同无法履行的属于乙方责任，乙方应支付给守约方的违约金为房屋总价款的10%~20%。

四 常见争议

【实务案例1】因限购，指定他人名下无效。

上海市第一中级人民法院审理南某某与陆某某、陆某房屋买卖合同纠纷〔案号：（2018）沪01民终6712号〕时指出：

一审法院认为，依法成立的合同，对当事人具有法律约束力。当事人应当按照约定履行自己的义务，不得擅自变更或者解除合同。南某某与陆某某签订的买卖合同系当事人真实意思表示，合法有效，南某某与陆某某、陆某均应按照协议的约定履行义务。本案的争议焦点主要在于南某某是否有权要求陆某某、陆某将系争房屋过户至其指定的赵某某名下。就目前而言，南某某及其配偶均属外地户籍，并不具有在上海市购买住房的资格。而合同中关于"办理房产证时，乙方有权更改该房产的受益人"的约定，一审法院认为该约定应属无效约定。首先，该约定对受益人并未明确指定，其次，从签订买卖合同时南某某本人尚属限购情形来看，该约定明显是南某某为了规避未来不确定的国家房产调控政策，避免过户期限截止时，其自身仍属限购人员所致交易无法实现而做的约定，故该约定应为无效。南某某依据该条款要求陆某某、陆某将系争房屋过户至第三人名下，缺乏事实和法律依据，一审法院不予支持。

二审法院认为，《最高人民法院关于适用〈中华人民共和国民事诉讼法〉的解释》第九十条第二款规定：在作出判决前，当事人未能提供证据或者证据不足以证明其事实主张的，由负有举证证明责任的当事人承担不利后果。首先，上诉人在二审期间没有提供新证据佐证其上诉主张。其次，经审查，本案系房屋买卖合同引发的纠纷，根据物权公示和物权法定的原则，房屋的取得必须合法，现上诉人通过合同中"办理房产证时，乙方有权更改该房产的受益人"之条款指定非出资人为房屋登记人来规避国家房产调控政策，明显是为了掩盖其不合规获得物业的目的，故一审法院适用法律正确，对本案的裁判并无不当。

【实务案例2】明知限购，解除合同并担责。

上海市第一中级人民法院审理肖某某与罗某某房屋买卖合同纠纷〔案号：（2018）沪01民终11013号〕时指出：

一审法院认为，肖某某与罗某某签订的《上海市房地产买卖合同》，系双方真实意思表示，与法不悖，当属合法有效，双方均应按约全面履行合同义务。本案的争议焦点包括：一是罗某某未按期支付房款是否构成违约？二是肖某某是否有权解除涉案房地产买卖合同？三是罗某某被确认不具有购房资格，是否需承担违约责任？违约金的计算标准如何认定？

关于焦点一，本案中结合中介公司人员的证人证言，可以证实双方于2017年7月7日签约当日审税时，即发现罗某某被限购，之后双方一直就合同如何继续履行、是否解除等进行过多次协商。在此期间，肖某某也同意罗某某先支付20万元，可视为双方以实际行动变更了原合同中关

第十八章

补充条款（二）：违反限购的责任承担

于2017年7月7日、2017年8月15日支付相应款项的约定，罗某某未按期支付上述房款并不构成违约，故肖某某以罗某某未按期于2017年7月7日、2017年8月15日支付相应款项已构成违约并主张付款违约金之请求，难获支持。

关于焦点二，双方签订的房地产买卖合同确实因为罗某某妻子名下于2013年7月22日存在1套经济适用房，被确认其不具有购房资格，而无法继续履行。罗某某所述肖某某同意等待至其经济适用房上市交易期届满出售后再履行涉案合同之抗辩意见，无双方书面变更之内容，且买卖合同长期处于悬而未决的状态，也不符合合同的经济原则。而事实上，如中介公司所述，肖某某也曾给予罗某某一定的时间以消除限购的障碍，但短暂等待后，双方就如何解约、如何支付违约金、违约金金额如何计算进行协商未果，故一审法院认定罗某某因为限购已构成违约，肖某某作为守约方可以享有合同解除权。鉴于肖某某于2018年1月发送的解除函理由不成立，且肖某某也已当庭变更诉请要求判令解除双方签订的《上海市房地产买卖合同》。现肖某某在无法实现合同目的的情况下，要求判令解除双方于2017年7月7日签订的《上海市房地产买卖合同》之诉请，予以支持。另上述合同补充条款（二）还约定，如因违反限售规定，房地产交易中心不予办理房地产登记，双方可共同办理合同网上备案撤销等解除本合同手续。因此，对肖某某要求罗某某协助办理《上海市房地产买卖合同》的网上备案撤销手续之诉请亦予以支持。

关于焦点三，根据上述合同补充条款（一）第九条约定，本合同签订后60日内，罗某某依据上海市限购政策，至房地产管理部门查询自身及其家庭成员在本市拥有住房情况并确认购房资格。如罗某某提供的申报材料不实，房地产管理部门最终依据罗某某真实情况确认其不具有购房资格，则双方可解除合同，但罗某某须依合同约定向肖某某承担违约责任。对于该违约金（双方合同约定赔偿金）的计算标准，肖某某主张以总房价款的20%计算，罗某某则认为该计算标准过高。一审法院认为，违约金的调整应当以实际损失为基础，兼顾双方合同的具体履行情况、当事人的过错程度以及预期利益等综合因素予以考量，同时根据公平、诚实信用原则予以确定。对此，一审法院在尊重当事人约定的前提下，综合上述各项因素后酌定罗某某向肖某某支付赔偿金10万元。为避免讼累，一审法院对肖某某收取罗某某的25万元房款一并予以处理。即肖某某在扣除罗某某需承担的10万元赔偿金后，将剩余款项返还罗某某。

一审法院审理后，依照《中华人民共和国合同法》第九十三条、第九十四条第四项、第九十七条、第一百零七条、第一百一十四条之规定，于2018年8月1日做出判决：一是肖某某与罗某某于2017年7月7日签订的《上海市房地产买卖合同》予以解除；二是罗某某于判决生效之日起十日内协助肖某某办理涉案《上海市房地产买卖合同》的网上备案撤销手续；三是罗某某于判决生效之日起十日内支付肖某某赔偿金10万元；四是肖某某于判决生效之日起十日内返还罗某某房款25万元（第三、四条款经折抵后，肖某某于判决生效之日起十日内返还罗某某房款15万元）；五是驳回肖某某的其余诉讼请求。

二审法院认为，本案上诉人肖某某于一审中系以被上诉人罗某某逾期付款为由要求解除合同，并要求罗某某支付相应违约金，罗某某属于限购对象导致双方合同无法继续履行并非肖某某据以解除合同、主张违约责任的理由。因此，认定肖某某的诉请是否成立，仅需审查罗某某是否存在逾期付款的违约行为。

双方合同明确约定罗某某应于2017年7月7日前支付肖某某房款55万元，于2017年8月15日前支付房款181.50万元，实际履行过程中，罗某某仅于2017年7月11日支付房款20万元。罗某某主张合同签订当天至

第十八章

补充条款（二）：违反限购的责任承担

交易中心办理有关手续时发现其属于限购对象，因其坚持要求继续履行合同，双方对合同约定的上述房款支付时间做出了变更，即待限购因素消除后再行支付。肖某某对此予以否认，罗某某作为主张合同变更的一方应当对上述事实承担举证责任。一审出庭作证的中介公司工作人员的证词对双方是否合意变更房款支付时间，表述模糊，一方面称肖某某方不同意待罗某某限购因素消除后继续履行，要求把首付款付掉，最终双方到现在都没有谈妥，另一方面表示肖某某方当时也是同意的，在购房微信群里给了银行账户，但书面同意没有，至于后续房款的支付时间，没有具体约定时间，就等到限购解决掉。需要注意的是，罗某某本人于一审庭审中针对一审询问表示肖某某方没有明确只要罗某某支付20万元，就等罗某某限购因素消除，但双方有沟通，罗某某认为肖某某方同意过。通常来说，房屋出售方出售房屋的目的在于获得相应房款，本案按罗某某的陈述，其最终决定待其配偶名下经济适用房符合上市交易条件后通过将该房屋出售的方式消除限购因素，而该经济适用房晚至2018年7月底才能上市交易，何况，出售该房屋不可能一蹴而就，肖某某并无合理理由同意罗某某付款时间延后，甚至处于不确定状态。从证人证言及肖某某的陈述可以看出，肖某某方当时并未对罗某某提出的变更付款时间予以同意，不能将双方的沟通等同于肖某某方对罗某某的主张予以确认，罗某某逾期付款后，也不能将肖某某方提供银行账户用于罗某某支付相应房款的行为视为肖某某已经同意变更合同。因此，本案尚不能认定肖某某与罗某某就变更房款支付时间达成一致，罗某某逾期支付房款构成违约，肖某某有权根据双方合同约定行使合同解除权，并要求罗某某承担违约责任。

肖某某解除合同的通知于2018年1月3日到达罗某某，双方合同于当日已经解除。鉴于肖某某于一审中系请求判决解除合同，且双方当事人对一审判决解除双方合同并无异议，本院对此予以确认。合同解除后，肖某某应当返还已收取的房款，罗某某理应配合肖某某办理合同网上备案撤销手续。肖某某于本案中依据合同主张的违约金金额为711650元，罗某某以该金额过高为由请求予以调整。肖某某于本案中主张的主要损失为系争房屋市场价值下跌的损失，并坚持申请对系争房屋的市场价值进行司法评估。经依法委托，评估单位评估后出具评估报告。针对肖某某的异议，鉴定人做出了相应回应、说明。经审查，评估程序合法，评估报告依据充分，可以作为认定本案相关事实的依据。评估报告对系争房屋不同时间的市场价值做了认定，相较于肖某某申请的评估时间，双方合同实际解除之日系争房屋的市场价值对确定肖某某的差价损失更具参考意义。依评估报告，双方合同解除之日系争房屋的市场价值低于合同约定房价近10万元。一审在酌定肖某某主张的违约金时，系以罗某某并不存在逾期付款的违约行为，仅因限购而违约为基础，且未充分考虑肖某某于双方合同履行过程中并无过错。本院基于《最高人民法院关于适用〈中华人民共和国合同法〉若干问题的解释（二）》第二十九条规定的违约金调整规则，在肖某某主张的全部违约金范围内，以罗某某违约给肖某某造成的包括系争房屋市场价值下跌在内的损失为参照，考虑到肖某某于合同履行过程中并无违约行为，亦无过错，根据公平原则和诚实信用原则，酌定罗某某整体上应当支付肖某某违约金15万元。同时，考虑到一审酌定的解约违约金金额与肖某某实际发生的房屋差价损失大体相当，本院酌定评估费15000元，由肖某某负担。

综上，肖某某的上诉请求部分成立，可予支持。依照《中华人民共和国合同法》第一百一十四条、《中华人民共和国民事诉讼法》第一百七十条第一款第二项规定，判决如下：一是维持上海市闵行区人民法院（2018）沪0112民初12167号民事判决第一项、第二项；二是撤销

第十八章
补充条款（二）：违反限购的责任承担

上海市闵行区人民法院（2018）沪0112民初12167号民事判决第三项、第四项、第五项；三是罗某某于本判决生效之日起十日内支付肖某某违约金15万元；四是肖某某于本判决生效之日起十日内返还罗某某房款25万元。

【实务案例3】限购政策变化，按约定指定买方。

上海市第一中级人民法院审理付某、付某某、宋某某与阮某某、张某某房屋买卖合同纠纷〔案号：（2017）沪01民终8654号〕时指出：

一审法院认为，付某、付某某、宋某某与阮某某、张某某签订的《房地产买卖合同》系双方真实意思表示，内容不违反法律、行政法规的禁止性规定，合法有效，双方均应恪守。《中华人民共和国合同法》第九十四条规定，有下列情形之一的，当事人可以解除合同：一是因不可抗力致使不能实现合同目的；二是在履行期限届满之前，当事人一方明确表示或者以自己的行为表明不履行主要债务；三是当事人一方迟延履行主要债务，经催告后在合理期限内仍未履行；四是当事人一方迟延履行债务或者有其他违约行为致使不能实现合同目的；五是法律规定的其他情形。本案中，《房地产买卖合同》签订后，阮某某、张某某已向付某、付某某、宋某某付清房款，而付某、付某某、宋某某也已将系争房屋交付给阮某某、张某某。现系争房屋已具备交易过户的条件，虽然阮某某、张某某基于购房新政而不具备购房资格，但是根据《房地产买卖合同》的约定，阮某某、张某某有权选定他人作为最终产权登记的所有人，现阮某某、张某某选定具有购房资格的张某某表哥鲜某作为系争房屋的产权登记人，符合合同约定，故付某、付某某、宋某某与阮某某、张某某签订的《房地产买卖合同》仍可继续履行，付某、付某某、宋某某以根据新政阮某某、张某某不具备购房资格，导致合同无法在合同预期的期限内完成交易为由通知阮某某、张某某解除合同，既无合同依据，也不符合法律规定，该通知函不产生解除合同的法律效力，为此，付某、付某某、宋某某诉请要求确认双方签订的《房地产买卖合同》于2016年8月26日解除，并由阮某某、张某某搬离系争房屋、承担占用系争房屋期间的房屋使用费，依据不足，一审法院不予支持。一审法院判决：驳回付某、付某某、宋某某的全部诉讼请求。

二审法院认为，本案二审的争议焦点在于：上诉人与被上诉人阮某某、张某某签订的《房地产买卖合同》第九条是否有效，该合同是否能够继续履行。对此本院认为，双方签订的《房地产买卖合同》系双方真实合意，其中的第九条"乙方（被上诉人）有权选定他人作为最终产权证登记的所有人"，系为了防范购房政策发生变化导致房屋无法过户的风险，并无法律规定的无效情形，亦不损害上诉人的利益。故上诉人关于该条系以合法形式掩盖非法目的应归于无效的主张，并无事实和法律依据，本院不予采信。现因购房政策发生变化，阮某某、张某某不具备购房资格，遂选定具有购房资格的张某某表哥鲜某作为系争房屋的产权登记人，符合合同约定，上诉人与被上诉人阮某某、张某某签订的《房地产买卖合同》能够继续履行，故上诉人要求解除合同，并要求阮某某、张某某搬离系争房屋、支付系争房屋占有使用费的诉请本院难以支持。相关事实和法律依据一审判决书已做详细释明，本院不再赘述。

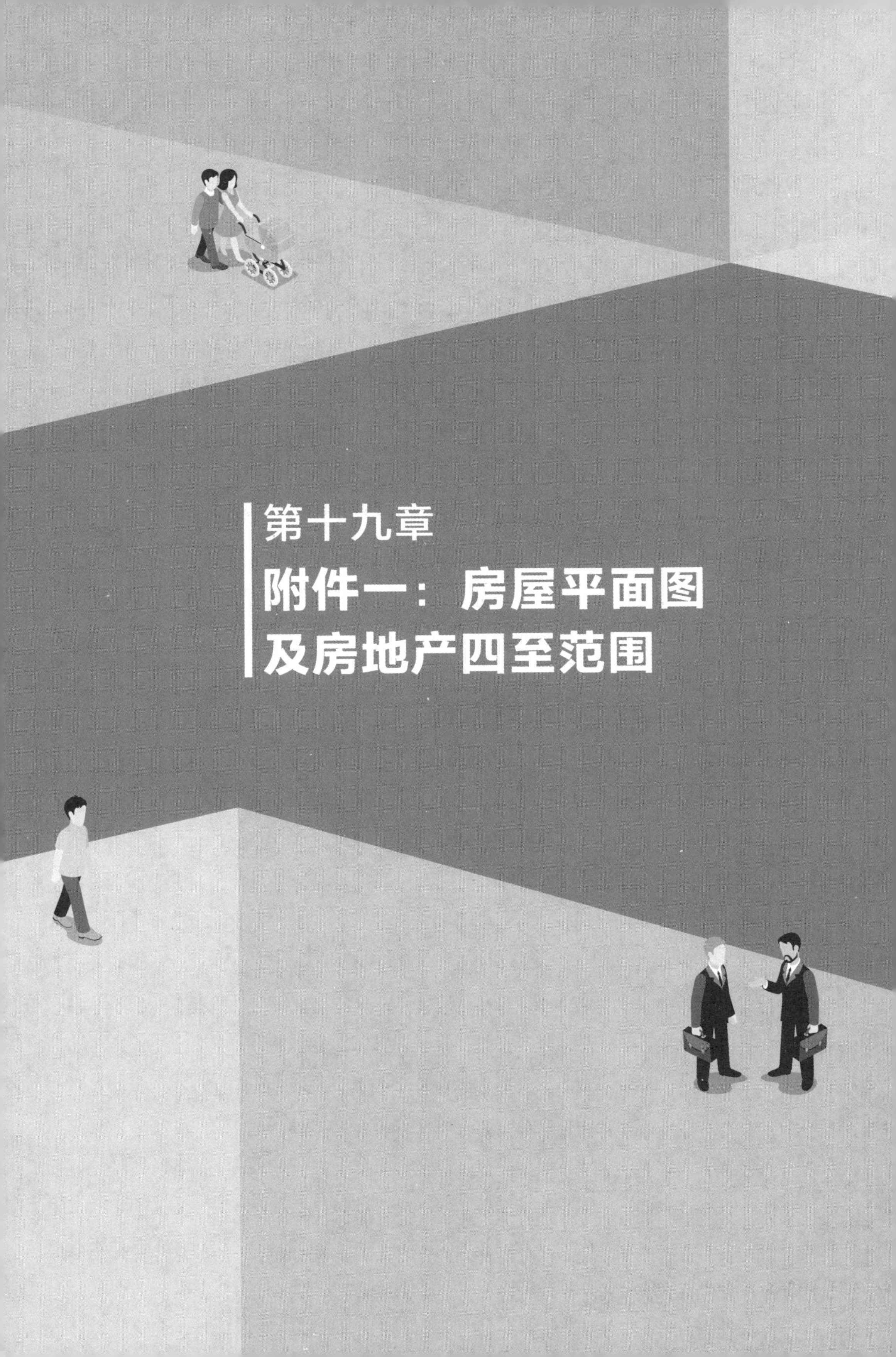

第十九章
附件一：房屋平面图及房地产四至范围

第十九章
附件一：房屋平面图及房地产四至范围

一、条款内容

附 件 一

房屋平面图及房地产四至范围

（粘贴线）　　　　　　　　　　　　　　　　　　（骑缝章加盖处）

二、条款解读

附件一是对房屋平面图及房地产四至范围的约定。

三、签约技巧

1.虽然实务中因实际户型与产证附图不一致而出现纠纷的可能性比较小，但是签合同时还是要仔细比对一下。

2.自己画下户型图，和产证上的平面图做对比，最大限度地避免纠纷发生。

四 常见争议

【实务案例1】合同未记载,借道引纠纷。

上海市第一中级人民法院审理郑某与上海市徐汇区田林亲家业主大会(简称田林亲家业主大会)排除妨害纠纷〔案号:(2009)沪一中民二(民)终字第3535号〕时认为:

原审查明,2004年2月,郑某与案外人上海中星集团齐城实业有限公司签订房屋买卖合同一份,郑某向案外人购买本市田林东路564号房屋(以下简称涉案房屋),房屋总价款为818720元,该合同未记载涉案房屋的房屋平面图及房地产四至范围。郑某于同年2月17日取得了涉案房屋的上海市房地产权证。涉案房屋曾在上海国煌房地产开发有限公司预售本市田林东路556弄1~2号房屋时做售楼处之用,位于田林亲家小区大楼北侧,北面则与本市田林十三村居民房屋相邻。郑某因涉案房屋缺乏进出其房屋的通道,借道田林亲家小区大门出入其房屋,为此田林亲家小区业主产生异议。2005年3月20日,管理田林亲家小区的上海市易达物业管理有限公司(简称易达物业公司)受田林亲家业主大会委托致函郑某,主要内容为"由于易达物业公司管理之小区(田林亲家苑)业主认为郑某所购的涉案房屋系违章建筑,因此该物业应予拆除。小区业主亦为此采取了一定措施,包括举报自来水公司将原来违法接用消防用水的该房用水停止,阻止郑某借用小区道路通行以对该房屋进行装修等。虽经郑某出示该房之房地产权证及该房占用地块之红线图以表示郑某乃合法拥有此物业,但小区居民一则认为小区之开发商欺骗小区业主,该

第十九章
附件一：房屋平面图及房地产四至范围

房土地应为绿化，侵犯了小区利益；二则认为如该房独立之红线图合法，说明该物业不属于本小区之物业，因而不享有本小区物业之通行权及接水、接电权。导致郑某至今无法使用该房。在此，作为小区之物业管理公司，从维护小区业主的利益出发，就郑某多次提出的从小区通行及接电、接水的问题正式告知郑某：除非人民法院裁决郑某有从易达物业公司管理之小区通行及接电、接水的权利，否则，郑某无权通过涉案小区使用郑某的物业"。

另查明，越过郑某所有的本市田林东路564号房屋规划红线种植有上海市徐汇区田林亲家小区的部分绿化；该房屋四至红线东侧砌有上海市徐汇区田林亲家小区的大门围墙。郑某为通行问题，曾于2005年10月向原审法院起诉，要求判令其有权拆除东侧部分围墙并安装铁门。原审法院于同年12月20日做出（2005）徐民三（民）初字第1872号民事判决，支持了郑某的诉请，后上海市第一中级人民法院撤销了原审法院的判决，对郑某的诉讼请求不予支持。后因郑某、田林亲家业主大会未能就郑某的通行协商一致，郑某于2006年5月再次诉至原审法院，要求法院判决确认郑某享有涉案房屋红线内由西向东道路的通行权，郑某有权从田林亲家小区大门进出以实现该通行权；并判决郑某有权铲除种植在属于郑某房屋红线内通道上的绿化。原审法院于同年11月21日以郑某没有提供系争房屋住宅建设工程规划许可资料，不能证明郑某必须和田林亲家业主大会共用田林亲家住宅区域配套设施设备，驳回了郑某的上述诉请。上海市第一中级人民法院维持了原审法院的判决。因郑某现仍无法实际使用涉案房屋，遂再次诉至法院。田林亲家业主大会则不同意郑某诉请。

还查明，1997年6月，上海齐开实业公司与上海中星（集团）公司第七分公司取得了涉案房屋的零星建设工程规划许可证，田林亲家业主大会于2004年10月向上海市徐汇区城市规划管理局查询，田林亲家业主大会知涉案房屋建筑许可证信息不存在。田林亲家小区绿化工程于2002年6月通过竣工验收。2003年间，田林亲家小区北侧规划绿化带上安装了铁栅栏，后田林亲家业主大会重新恢复了绿化，拆除了铁栅栏。

原审认为，公民、法人合法的民事权益受法律保护。田林亲家小区种植的绿化已经竣工验收，郑某购买涉案房屋时对上述绿化状况及涉案房屋的现状、配套设施设备情况等是明知的，上述状况的形成并非田林亲家业主大会所为，郑某要求田林亲家业主大会承担责任缺乏事实和法律依据。郑某提供的工程规划许可证表明涉案房屋系零星建筑工程，其对涉案房屋涉及的绿化、规划等未有明确约定，现郑某要求拆除原有绿化并进行自行规划等，也缺乏相应的事实和法律依据，故郑某的诉讼请求，法院亦难以支持。综上，原审法院于2009年9月17日根据《中华人民共和国民法通则》第四条、第五条之规定，做出判决：郑某的诉讼请求不予支持。一审案件受理费减半收取计120元，由郑某负担。

判决后，郑某不服上述民事判决，上诉坚持原审的诉讼请求及事实理由，要求二审法院撤销原审判决，支持上诉人在原审的诉讼请求。

被上诉人田林亲家业主大会不同意上诉人的上诉请求，请求二审法院驳回上诉，维持原判。

本院经审理查明，原审查明事实属实，本院予以确认。

本院认为，上诉人涉讼房屋由于历史和开发商的原因形成现状，而上诉人购买涉讼房屋时对上述现状是明知的，被上诉人及小区业主对此并无责任，涉讼房屋系商业用房，而被上诉人小区是住宅小区，上诉人要求被上诉人承担责任解决涉讼房屋现状缺乏事实和法律依据，本院无法支持；上诉人可与开发商共同向有关政府职能部门反映解决涉讼房屋的历史遗留问题。综上所述，上诉人的理由不能成立。据此，依照《中华人民共和国民事诉讼法》第一百五十三条第一款第（一）项之规定，判决如下：驳回上诉，维持原判。

【**实务案例2**】图纸为空白，诉讼难支持。

上海市普陀区人民法院审理郭某某与上海锦瀚投资发展有限公司房屋买卖合同纠纷〔案号：（2016）沪0107民初4315号〕时认为：

原告郭某某诉称，2004年5月10日，原、被告就上海市新会路131—139（单）号104室、105室房屋（以下简称104室、105室）签署买卖合同，并经过公证机关公证，由于104室、105室尚未办理过户手续，原告又系境外人士，故约定由被告将房屋交付给案外人上海元隆投资有限公司（以下简称元隆公司）委托经营，期限为十年。在委托经营后，元隆公司将104室、105室进行了随意分割，导致房屋原始状态发生争议，目前房屋内仍存在两堵墙及一个楼梯。合同期限届满，被告自称其交付给元隆公司的房屋是大通间，该自述违反了2004年1月9日上海市房屋土地资源管理局、上海市建设和管理委员会沪房地资权〔2004〕19号发布的《关于商场和办公楼分割转让问题的通知》《中华人民共和国城市房地产管理法》《中华人民共和国测绘法》所确定的房屋是指有固定维护结构、具有规划确定的完整功能、可以独立使用，并且有明确、唯一编号的特定空间。房屋所有权登记应当按照权属单元以房屋的门牌号、幢、套（间）以及有具体权属界限的部分为基本单元进行登记。作为可以登记的房屋，必须具有明确的界址和空间隔离设施，能够划清房屋的平面和空间范围，具有封闭性的相关规定。原告认为，物权是合法权利人依法对特定物享有直接支配和排他的权利，国家、集体、私人的物权和其他权利人的物权受法律保护，任何单位和个人不得侵犯。被告的行为既损害了原告对于物权的直接支配权和排他权利，也违反了国家强制性规定，原告为维护自身合法权益免遭继续侵害，现诉至本院，请求判令：一是被告依据产权证附图的标示对104室、105室房屋进行物理分割（包括104室、105室之间的隔断），恢复房屋四至（包括拆除已有的装修），并且拆除104室、105室内现有不合理的隔断和楼梯；二是被告承担本案诉讼费。

被告上海锦瀚投资发展有限公司辩称：第一，104室、105室原始状态是没有物理分割的，但四至范围是明确的，现在原告的产权证已经办出，事实证明系争两套房屋的转让是合法的；第二，被告对于原告陈述的房屋现状不认可，即便属实也非被告造成，故原告无权要求被告恢复原状；第三，原告的诉讼请求超过诉讼时效，原、被告是在系争两套房屋所在的玉城宝都商场一楼现场签订买卖合同的，并且合同附件关于房屋平面图显示为空白，说明原告当时就明知包括系争两套房屋在内的商场房屋是大通间，没有进行物理分割，而原告现在要求被告进行物理分割已经超过诉讼时效；第四，被告无权也无法拆除系争房屋内的现有装修。原告曾以元隆公司打通了物理隔断为由起诉元隆公司，要求恢复房屋原状，败诉后向被告提出诉讼请求基本一致的本案诉讼。而根据原告与元隆公司的委托经营合同约定，原告同意元隆公司进行装修、合同届满后装修无偿归原告所有，故房屋内如有装修，该装修属于原告，被告无权拆除。同时，根据被告提交的一组摄于2017年5月8日的房屋现场照片，系争两套房屋已由原告出租案外人，案外人重新装修，故原告的诉讼请求已无可操作性。综上，不同意原告的诉讼请求。

经审理查明，2003年9月22日，被告（买受方）与41个案外人（出售方）签订《玉城宝都裙楼转让协议书》，被告向案外人购买包括104室、105室在内的新会路×××至×××号×××至×××层共计39套房屋以及陕西北路×××弄×××号×××至×××层共计32套房屋，

第十九章
附件一：房屋平面图及房地产四至范围

该协议书明确载明玉城宝都裙楼1至5层房屋采用大开间框架结构。

2003年10月29日，被告分别与案外人陈某某、施某某，案外人刘某某、王某某就104室、105室签订《上海市房地产买卖合同》，被告分别以×××××××元、×××××××元的价格购买系争两套房屋。

2004年5月10日，原告（乙方、买受人）与被告（甲方、出卖人）就104室（建筑面积319.04平方米）、105室（建筑面积322.30平方米）分别签订《上海市房地产买卖合同》，原告分别以×××××××元及×××××××元的价格购买系争两套房屋。随后，房屋产权人登记为原告，产权证附图中标示了两套房屋在整个商场中的具体位置。

同日，原告（甲方）与元隆公司（乙方）分别就104室、105室签订《商铺委托经营协议》，约定原告将系争两套房屋的经营管理权转让给被告，转让期限定为十年，至2014年5月31日止；乙方有权代表甲方将房屋采用乙方自主经营、对外招商、对外出租、合作经营等各种模式进行有效的经营管理；甲方同意将房屋交给乙方装修和装潢，甲方同意在不改变结构的情况下，根据统一经营的要求，乙方有权对房屋进行隔断，并进行符合经营风格的装修，装修均无偿归甲方所有。

在原告与元隆公司的委托经营协议期限届满后，原告于2014年7月8日以元隆公司在委托经营过程中擅自打通系争两套房屋隔断、重新装修为由将元隆公司诉至本院，案号为（2014）普民四（民）初字第2179号，诉讼请求为要求元隆公司将房屋恢复原状后返还等。在该案审理过程中，系争两套房屋所在商场的物业管理公司上海建纬置业发展有限公司出具《证明》，该《证明》载明"我司于1998年接受委托为该物业提供物业管理服务至今，自我司开始管理该物业之日起至××KTV、××国际酒店、×××餐饮装修前系为大统间，未进行过各单元物理隔断"。本院一审未支持原告的诉讼请求。判决后，原告不服提出上诉，二审审理过程中，被告陈述其从案外人处购得包括系争两套房屋在内的整幢大楼，当时楼层内的房屋就没有分割，是个大通间，其原样将系争两套房屋交与原告，原告又将房屋原样交给元隆公司。二审认为，现有证据无法证明元隆公司在受领房屋时，其承租的包括系争两套房屋在内的部位就存在隔断，而元隆公司拆除了该隔断，二审另认同了一审关于元隆公司于2014年6月5日已将系争两套房屋交还原告的意见。2015年12月24日，二审终审维持了一审判决。原告表示已向上海市高级人民法院提出了再审申请。

现原告向本院提起诉讼，请求法院判决支持如其诉请。庭审中，原告提供元隆公司与案外人的租赁合同以及评估报告，用以证明104室、105室分别被占用的实际情况。原告还提供商场原始设计、建造图纸用以证明104室、105室应当存在轻质隔墙隔断与明确的四至界限。本院向原告释明，若认为相邻方实际占用了系争两套房屋的面积，应当追加相邻方作为当事人参加本案诉讼，原告坚持要求被告承担责任，不予追加。

审理中，2017年4、5月间，原告将104室、105室房屋出租给案外人，案外人对房屋重新隔断并装修，原告所称的原有的装修和不合理的隔断和楼梯已经被拆除。

原告另外补充意见如下：第一，原告认可系争两套房屋在2004年之前是没有物理隔断的。但被告出售给原告时，房屋由被告直接交付元隆公司，未通过原告，原告当时看到系争两套房屋现状是存在轻质隔墙分割的。第二，委托经营期满后，原告看到的房屋状态是104室与105室被打通，两侧房屋103室与106室均部分占用了104室与105室的面积，屋内还存在装修以及不合理的隔断和楼梯。在原告诉元隆公司的案件中，判决排除了元隆公司拆除隔断的可能性，故原告怀疑是被告拆除了隔断。第三，原告起诉元隆公司的案件中诉请的恢复原状具体为对系争两套房屋进行物理隔断并明确房屋的四至界限，不包含要求元隆公司拆除系争两套房屋内已有的隔断和楼梯，故本案诉讼请求与前案并不完全相同。第四，原告系为了减少租金损失而用轻质隔板隔出约300平方米出租给案外人（租赁合同标的仍为系争两套房屋的全部）。

本院认为，当事人对自己提出的诉讼请求所依据的事实或者反驳对方诉讼请求所依据的事实有责任提供证据加以证明。没有证据或者证据不足以证明当事人的事实主张的，由负有举证责任的当事人承担不利后果。本院结合相应证据及当事人的庭审陈述对原告之诉讼请求做如下评判：

关于系争两套房屋在被告出售给原告时是否存在物理分割的问题。根据庭审查明的事实，首先，可以认定的事实是系争两套房屋在2004年之前是不存在物理分割的。其次，在被告出售给原告之时，原告陈述其看到房屋是有物理分割的，但该陈述与原告与元隆公司的委托经营合同中关于"甲方同意将房屋交给乙方装修和装潢，甲方同意在不改变结构的情况下，根据统一经营的要求，乙方有权对房屋进行隔断，并进行符合经营风格的装修，装修均无偿归甲方所有"的约定不符，而原告提供的图纸又无法证明房屋的实际状况，故本院难以认定系争两套房屋在被告出售给原告时存在物理分割。

关于是否由被告拆除了原有的物理分割的问题。原告在诉元隆公司的案件中曾自述隔断是元隆公司拆除的，而在生效判决认定排除元隆公司拆除的可能性后原告遂怀疑是被告拆除的，原告的表述前后矛盾，且均未提供证据证明，故即便系争两套房屋在出售给原告时存在物理分割，本院也难以认定系被告事后拆除了分割。

关于原告从元隆公司收回房屋时房屋是否存在被相邻方占用部分面积、屋内是否存在装修以及不合理的隔断和楼梯的问题。被告辩称对房屋状况不认可，而原告提供的元隆公司与案外人的租赁合同、评估报告、自行拍摄的照片不足以证明其所称的收回房屋时的房屋状况。并且在本案审理过程中，原告将系争两套房屋出租案外人，案外人已经重新隔断并装修，现场状况已发生根本性变化，故无法确认真实状况。

原告要求被告拆除已有装修、拆除不合理的隔断与楼梯的诉讼请求的标的物已不存在，本院不予支持其该诉讼请求。原告要求被告重新建立104室、105室间的隔断，因现有证据无法证明系争两套房屋之间的原始状态，且重新进行隔断必然会破坏新的装修，故本院对原告该项诉讼请求难以支持。同理，原告要求被告对系争两套房屋进行物理分割、恢复四至的诉讼请求亦缺乏事实与法律依据，而原告提供的图纸以及产权证附图都清楚地标明了系争两套房屋的四至，事实上无须再次明确四至界限，故本院对该诉讼请求不予支持。若原告所称的相邻方占用部分面积属实，原告可以另寻其他途径解决。综上，依照《中华人民共和国民法通则》第四条之规定，判决如下：对原告郭某某的诉讼请求不予支持。

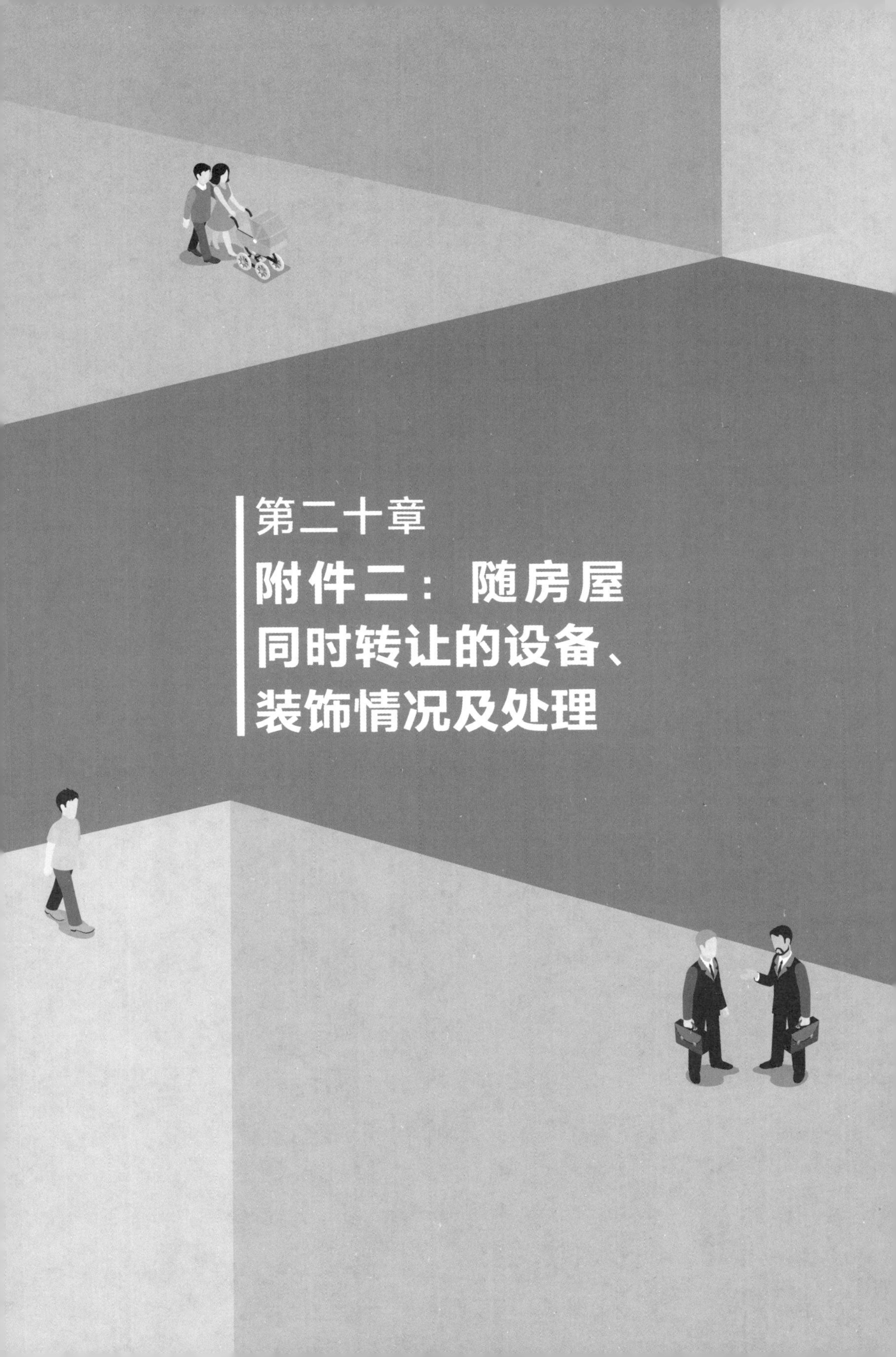

第二十章
附件二：随房屋同时转让的设备、装饰情况及处理

第二十章
附件二：随房屋同时转让的设备、装饰情况及处理

一　条款内容

附　件　二

随房屋同时转让的设备、装饰情况及处理

（粘贴线）　　　　　　　　　　　　　　　　　　（骑缝章加盖处）

关于设备及装饰费用按以下第_____款办理：

（一）以上所列设备和装修费用包含在本合同第二条约定的房地产转让价款内，乙方不需另外支付费用，甲方不得拆除并应随房屋交付乙方。

（二）以上所列设备和装修费用未包含在本合同第二条约定的房地产转让价款内，乙方需另外支付费用人民币_____元，在本合同第四条约定的房屋验收交接时，由乙方向甲方支付，甲方不得拆除并应随房屋交付乙方。

二　条款解读

附件二是对随房屋同时转让的设备、装饰情况及处理的约定。

三 签约技巧

1.首先，确定屋内的设施设备、装修等是否需要另外支付费用；其次，对于具体的设备、装饰等最好通过清单的方式列清楚，可以拍照、录视频保存记录。

2.双方对于设施设备等是否需要另外支付费用一定要明确，对于涉及的具体物品一定要记录清楚。

3.法院在判决书中，可能出现类似认定：在二手房交易中，为了做低房价减少买方的税费负担，买卖双方在签订《上海市房地产买卖合同》之外，往往以装修补偿款名义另行签订补偿协议。本案的补偿协议涉及厨卫设施及附属设施、设备，但当事人明知×、××室连通存在特殊性，厨房设备和提供地暖的设备均位于×室，却没有对交付的设施设备数量做出详细约定，仅约定了补偿价款247万元，显然双方当事人目的是为了做低房价。故×××要求××赔偿未交付的油烟机、燃气灶不锈钢水槽龙头、烤箱、消毒柜、地暖锅炉、水箱的相关费用，缺乏依据，本院不予支持。然电动卷帘玻璃门窗和客厅吊灯原本安装在×室，交房后×××发现该两件物品被拆装到××室，显然××未按看房时的原状向×××交付，故应赔偿相关损失。至于该两件物品的价值，本院参考双方当事人的意见，考虑折旧等因素，酌情确定为7000元。

四　常见争议

【实务案例1】约定不清，款项用途引起争议。

上海市第二中级人民法院审理陆某与朱某房屋买卖合同纠纷〔案号：（2020）沪02民终3457号〕时指出：

上诉人陆某的上诉请求为撤销一审判决，改判支持其一审诉讼请求，事实和理由如下：

一是陆某与朱某于2019年4月5日就上海市宝山区陆翔路×××弄×××号×××室房屋（以下简称系争房屋）签订《房地产买卖居间合同》，约定以261万元人民币（以下币种均为人民币）成交。按照法律规定，房地产买卖中产生的个人所得税由出卖方朱某承担，现由陆某承担。此外，当时双方约定将系争房屋内附有装修装饰及相应的配套电器设备等全数转让。因具体内容无法在居间合同中体现，所以2019年5月26日签订《上海市房地产买卖合同》时，双方将上述约定记载在《上海市房地产买卖合同》之备忘录中，其中特别注明具体转让内容为：房屋内附有装修装饰及相应的配套电器设备等。网签并非在系争房屋内进行，无法对系争房屋内附有装修装饰及相应的配套电器设备等一一列举清单。但从中介公司提供的照片上可以看出系争房屋内的具体情况：主卧有空调和电视机各1台，次卧有电视机和空调各1台，客厅有电视机1台、立式空调1台、三开门电冰箱1台。对此，朱某称照片拍摄于2016年，但系争房屋是2019年挂牌出售的。朱某于2016年购买系争房屋，按照相关规定，购置不满3年的房屋不允许买卖，朱某不可能在2016年将系争房屋挂牌出售，陆某提供的照片是真实有效的，能够反映系争房屋在签订合同时的原状。如朱某不同意将电器设备转让给陆某，可以在签订合同时提出异议或拒绝签订合同。二是2019年9月5日交房时，陆某发现系争房屋内的固定设备——厨房的燃气热水器、卫生间的浴霸已经被朱某调包，用废旧机器替换原来可以正常使用的机器，卫生间的太阳能热水器也无法正常使用，控制面板无法正常操作，且外接水管一直在漏水。根据《上海市房地产买卖合同》的约定，朱某须保证交房时本合同附件二所列之该房屋内附属设施、设备均能正常使用及室内装饰与签订本合同之日的情况相符，下水道通畅。朱某显然违反了合同约定。

被上诉人朱某书面辩称，不同意陆某的上诉理由。同意一审判决。

陆某向一审法院起诉请求：判令朱某赔偿系争房屋内2台45寸液晶电视机、1台64寸曲面屏电视机、2台空调、1台立式空调、1台三开门的电冰箱、1件微波炉、1个燃气热水器、1件浴霸、1个太阳能热水器、1件洗衣机、客厅窗帘折价款共计25000元。

一审法院认定事实，2019年4月5日，朱某（出售方、甲方）与陆某（买受方、乙方）经中介公司居间介绍签订《房地产买卖居间合同》，约定：甲方将系争房屋以261万元的价格转让给乙方，乙方自买卖合同签订当日支付房款72万元（含定金），于2019年6月10日前支付房款83万元，以贷款方式支付105万元，在办妥房屋交付手续当日支付房款1万元。"房屋交付"项下约定：固定装修、附属设施设备以及经甲、乙双方确认的家电、家具等的价格已经包含在该房地产转让总价款内，甲方须保证该房屋内附属设施、设备均能正常使用及室内装饰与本协议签订时的状况相符，下水道通畅；交易中所涉及的上述买卖双方的税费由乙方承担并支付。

2019年5月26日，双方签订《上海市房地产买卖合同》，约定：甲方

第二十章
附件二：随房屋同时转让的设备、装饰情况及处理

以229万元的价格将房屋转让给乙方，于本买卖合同签订当日支付房款72万元，于2019年6月10日前支付房款51万元，以贷款方式支付105万元，在办妥房屋交付手续当日支付房款1万元。合同附件二为随房屋同时转让的设备、装饰情况及处理，约定固定设备、固定装饰费用包含在本合同约定的房地产转让价款内，乙方不需另外支付费用，甲方不得拆除并应随房屋交付乙方。同日，双方签订《上海市房地产买卖合同》之备忘录，载明：鉴于双方所转让的房屋内附有装修装饰及相应的配套电器设备等，乙方同意就此支付32万元作为合同增加价款，乙方应于合同签订当日支付该款；双方确认，上述合同增加价款系合理增加，双方同意放弃对转让的房屋内附有的装修装饰、设备进行估价的权利，甲方不对前述装修装饰及设备承担售后保修责任。

一审法院审理中，陆某提供：①照片一组，部分照片系交房后在系争房屋内拍摄，证明房屋内设备被替换或拆除后的情况；部分照片系陆某从中介公司网站下载，证明系争房屋内相关设备的原状；②收款收据，证明为维修太阳能热水器花费850元。朱某对证据①的照片真实性无异议，但朱某自2016年开始挂牌出售系争房屋，中介拍摄的照片反映的是当时房屋内的设备情况，在与陆某交易时，系争房屋内并无2台45寸的电视机和1台三开门电冰箱；认为证据②与朱某无关，交房后若热水器坏了，应由陆某维修。朱某提供2019年7月8日与中介公司工作人员的微信聊天记录，中介公司工作人员询问什么东西搬走，什么东西不搬走，证明买卖双方并未就电器设备全部送给陆某达成一致意见。陆某对上述微信记录真实性无异议。

一审法院审理中，双方一致确认，双方未对房价款内包含的家电家具进行过确认，已于2019年9月5日就系争房屋自行办理交接。陆某表示，交房当天急于收房，虽对朱某将电器等搬离的行为提出过异议，但

未过于纠缠，想等收房后通过法律程序主张损失，就付了尾款。朱某表示交接房屋当天陆某并未提出过异议。

一审法院认为，陆某与朱某签订的《房地产买卖居间合同》和《上海市房地产买卖合同》及其备忘录合法有效，双方均应恪守履行。本案的争议在于，备忘录中约定的32万元是房屋转让价款还是电器设备转让款。一审法院认为，首先，若该款项确为电器设备转让款，则双方必将对房屋内设备名称、品牌、数量等进行确认，事实上双方从未就电器设备签订清单予以确认。其次，双方签订的《房地产买卖居间合同》中对电器设备转让款并未进行约定，而是约定转让总价261万元均为房款，而《上海市房地产买卖合同》及其备忘录中关于付款时间及其他买卖条件等均与《房地产买卖居间合同》一一对应，结合司法实践中常见的《上海市房地产买卖合同》价格低于《房地产买卖居间合同》的情况，一审法院认为《房地产买卖居间合同》中关于房价的约定系双方真实意思表示。最后，双方于2019年9月5日对房屋进行交接，陆某虽表示当天就电器设备问题已提出异议，但未提供证据予以证明。

综上，一审法院认为双方关于系争房屋的实际转让价款为261万元，备忘录中所约定的32万元系房款的一部分，而非电器设备转让款，即朱某并无将系争房屋内电器设备交付陆某的合同义务。客厅窗帘属于可移动物品，并非固定装修部分，亦未包含在房款内，朱某亦无交付义务。故陆某要求朱某赔偿电器设备及窗帘折价款的诉讼请求，一审法院不予支持。

一审法院判决：驳回陆某的所有诉讼请求。

二审中，当事人没有提交新证据。本院经审理查明，一审查明事实属实，本院予以确认。

本院认为，一审法院根据双方当事人的诉辩称意见及各自提交的证据对本案的事实进行了认定,并在此基础上依法做出一审判决,合法合理,理由阐述充分,本院对其观点予以认可。现陆某上诉要求撤销一审判决,但在二审中没有提出新的事实和理由,也未提供新的证据,本院认可一审法院对事实的分析认定及对相关法律法规的理解适用,故对陆某的上诉请求,本院不予支持。综上所述,上诉人陆某的上诉请求不能成立,应予驳回,一审判决认定事实清楚,适用法律正确,应予维持。依照《中华人民共和国民事诉讼法》第一百七十条第一款第(一)项规定,判决如下:驳回上诉,维持原判。

【实务案例2】 家电家具,无法主张违约金。

上海市浦东新区人民法院审理兰某与叶某某、祝某某房屋买卖合同纠纷〔案号:(2019)沪0115民终13756号〕时认为:

双方签订的上海市房地产买卖合同及补充协议除约定的转让价格外,均系双方真实意思表示,且内容于法不悖,合法有效,双方均应恪守。

双方已完成系争房屋的交接,兰某要求叶某某、祝某某支付房屋尾款2万元,符合合同约定,本院予以支持。

关于双方争议的系争房屋交付时缺少清单所列的空调及家具应如何处理。本院认为,《上海市房地产买卖合同》第五条约定,甲方承诺,自本合同签订之日起至该房屋验收交接期间,凡已纳入本合同附件二的各项房屋装饰及附属设施被损坏或被拆除的,应按被损坏或被拆除的房屋装饰及附属设施估值1倍向乙方支付违约金,现双方确认缺少1台大金牌挂壁式空调及清单所列家具,然上述物品均不属于房屋装饰及附属设施,故叶某某、祝某某以此要求兰某支付违约金4万元并无合同依据,本院不予支持。鉴于叶某某、祝某某未举证证明所缺家具、家电的价值,现兰某自愿补偿其2000元,结合家电家具的购买时间、使用情况等,本院确认原告该补偿尚属合理,予以准许。

因原告未能按约交付上述家电家具,被告以此为合理抗辩,故原告要求被告支付上述尾款的逾期付款违约金,本院不予支持。据此,根据《中华人民共和国合同法》第六十条之规定,判决如下:一是被告(反诉原告)叶某某、祝某某应于本判决生效之日起十日内支付原告(反诉被告)兰某房屋尾款2万元;二是原告(反诉被告)兰某应于本判决生效之日起十日内支付被告(反诉原告)叶某某、祝某某补偿款2000元;三是驳回原告(反诉被告)兰某其余诉讼请求;四是驳回被告(反诉原告)叶某某、祝某某的反诉请求。

【实务案例3】违章可拆除,但要给补偿。

上海市第一中级人民法院审理蒋某某与许某、孙某房屋买卖合同纠纷〔案号:(2018)沪01民终8564号〕时指出:

一审法院认为,本案的争议焦点在于蒋某某与许某、孙某签订的《上海市房地产买卖合同》是否可撤销。蒋某某认为许某、孙某存在故意隐瞒涉案房屋内存在违章事实,属于欺诈,因此房屋买卖合同应该被撤销。许某、孙某认为其不存在故意隐瞒的事实,蒋某某知晓涉案房屋的实际情况,房屋买卖合同应继续履行。一审法院认为,欺诈的构成必须符合四个要件:其一,欺诈人有欺诈的故意,客观表现为故意陈述虚假的情况或是故意隐瞒真实情况;其二,欺诈人实施了上述欺诈行为;其三,被欺诈人因欺诈人而陷入错误;其四,被欺诈人因错误而做出意思表示。本案中许某、孙某非法搭建致使房屋使用面积变大,可能存在许某、孙某售卖房屋时以此为卖点引导买方购买的情形发生,但蒋某某并未指称在看房时许某、孙某向其表示非法搭建的房屋属有产证的面积，而是指称许某、孙某在签约时并未向其出示产证，向其隐瞒涉案房屋存在违章的事实，故意隐瞒真实情况。根据常理，蒋某某的代理人蒋某（其姐姐）为成年人，对于交易上千万元的房屋不要求查看房屋产证，不要求确认其交易的主体是否有权出售涉案房屋及涉案房屋的合法的产证面积，与常理不符。因违法搭建的面积多达50多平方米，比日常上海某些小户型的房屋面积都要大，蒋某某的特别授权委托代理人居住在××房××幢内并多次看房，对涉案房屋的得房率及结构应比他人有更多的了解，蒋某某应该能发现该房屋面积与产证面积的差异，知晓该房屋存在违法搭建的事实，许某、孙某无意隐瞒，也无法隐瞒，故蒋某某主张许某、孙某存在隐瞒的故意及隐瞒的行为均无从成立，故蒋某某与许某、孙某签订的《上海市房地产买卖合同》不存在可撤销之情形，蒋某某请求撤销双方签订的《上海市房地产买卖合同》及主张相应撤销后果的诉请没有事实和法律依据，不予支持。现涉案房屋的违章已经被拆除，客观上也不存在继续交易过户的障碍，故双方应继续履行双方签订的两份《上海市房地产买卖合同》，对于许某、孙某的反诉诉请，法院予以支持。需要说明的是，房屋买卖合同与车位买卖合同为两份合同，两个法律关系，本应分案处理，鉴于车位大多附属于房屋产权登记，为方便当事人，本案一并予以处理。

一审法院审理后，依照《中华人民共和国合同法》第八条之规定，于2018年4月9日做出判决：一是驳回蒋某某的全部本诉诉讼请求。二是蒋某某与许某、孙某就上海市长宁区××路××号××幢××室房屋以及地下1层车位××签订的两份《上海市房地产买卖合同》（合同编号分别为：30117××和30118××）继续履行；蒋某某应于判决生效之日起三十日之内配合许某、孙某办理上海市长宁区××路××号××幢

××室房屋以及地下1层车位××的产权变更登记手续，将上述房屋及车位过户登记至蒋某某名下，当日，蒋某某向许某、孙某支付上海市长宁区××路××号××幢××室房屋的购房款1105万元；许某、孙某应于判决生效之日起六十日内向蒋某某交付上海市长宁区××路××号××幢××室房屋以及地下1层车位××，当日，蒋某某向许某、孙某支付上海市长宁区××路××号××幢××室房屋的购房尾款85万元。本诉案件受理费48682元及反诉案件受理费46600元，由蒋某某负担。

二审中，双方当事人均未提交新证据。

经本院审理查明，原审认定事实无误，本院依法予以确认。

本院另查明，双方签订的《上海市房地产买卖合同》（合同编号：30117××）附件二随房屋同时转让的设备、装饰情况及处理约定设备按现状、装饰按现状。二审审理中，双方当事人一致确认涉案房屋总价为1700万元（网签合同价1505万元＋车位25万元＋170万元装修补偿款），同时，对于为何出现170万元的装修补偿款，双方一致确认为做低房价，并认可涉案房屋违章建筑的价值包括在总价内。因违章建筑已拆除，许某、孙某在二审中表示自愿补偿蒋某某25万元。

本院认为，本案争议焦点在于被上诉人许某、孙某出卖涉案房屋时是否隐瞒房屋内存在违章建筑的事实，上诉人蒋某某是否在受欺诈的情况下签订《上海市房地产买卖合同》。蒋某某委托其姐姐蒋某购买涉案房屋，蒋某居住在××房××幢大楼内，在签订上述合同前多次看房，但其主张许某、孙某没有告知房屋存在违章建筑，而且违章建筑与原结构浑然一体，蒋某亦无法识别。对此，本院注意到，涉案房屋及车位的出售价为1700万元，蒋某作为蒋某某的姐姐代理其进行大宗交易时通常会尽到高度的注意义务，而且根据蒋某某聘请的设计师出具的情况说明记载，违章建筑的面积总共近50平方米，如此超产证面积的存在如果不能引起蒋某的注意，亦违反常理。因此，一审认定蒋某某知晓涉案房屋存在违章建筑，而其主张的欺诈事实不成立，本院予以确认。

因在案证据足以认定违章建筑已拆除，许某、孙某要求继续履行房屋买卖合同，合法有据，应予支持。双方签订的《上海市房地产买卖合同》约定装饰装修按现状交付，涉案房屋的违章建筑拆除后与签约当时的现状有所不同，并且双方亦确认违章建筑的价值包括在总价内，现许某、孙某自愿补偿蒋某某25万元，并无不当，本院予以照准。综上，上诉人蒋某某的上诉请求，不能成立，应予驳回。据此，依照《中华人民共和国民事诉讼法》第一百七十条第一款之规定，判决如下：一是驳回上诉，维持原判；二是许某、孙某于本判决生效之日起十五日内支付蒋某某补偿款25万元。

第二十一章
附件三:付款协议

第二十一章
附件三：付款协议

一、条款内容

附　件　三

付款协议

（1）甲、乙双方签订本合同当日，乙方应向甲方支付首期房价款＿＿＿元人民币，本合同签订之前乙方已经支付的定金计元人民币亦转为房价款，由此共同构成全额首期房价款计＿＿＿＿＿＿＿元人民币。甲方收到上述款项后三日内向某银行申请解除本交易房屋的抵押登记，并于＿＿＿＿年＿＿月＿＿日前注销该房屋上的抵押。或者将证件交房产经纪公司，由房产经纪公司办理抵押注销手续。

（2）甲方同意乙方通过向贷款银行申请人民币＿＿＿＿＿＿元整的贷款的形式支付第二期房价款，乙方应于签订本合同并申请办理本合同公证手续（若需）后七日内向贷款银行申请贷款，并按照贷款银行的要求提供所有贷款必需的资料，签署贷款所需的文件。若乙方贷款申请未经审核通过或者未全额审核通过，乙方应于送件当日（或者办理过户手续当日）将第二期房价款全额或者差额补足并支付给甲方。

（3）待乙方之贷款申请经贷款银行审核通过，且公证处出具买卖合同公证书（若有）、借款抵押合同公证书（若有）后七个工作日，甲、乙双方亲自或者委托某中介公司赴上海市某区房地产交易中心申请办理产权过户及抵押登记手续（送件），本条约定过户期限以不超过本合同正文第六条约定的期限为限。待上海市某房地产交易中心出具以乙方为所有权人的房地产权证和以贷款银行为抵押权人的他项权证，且将该他项权证送交贷款银行后，该笔款项由银行直接支付到甲方账号，付款期限以

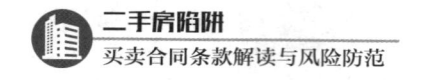

银行放款时间为准。

（4）甲、乙双方一致约定若尚有银行贷款未发放的，待银行贷款放款后三日内，或者没有银行贷款的，待乙方取得交易房屋的产权证后三日内共同办理房屋交接手续，房屋交接以交钥匙为准。

（5）双方确认房价尾款的支付条件。甲、乙双方按照本合同或者另行达成的约定办理房屋交接手续且甲方已将该房地产名下的户口全部迁出后乙方将剩余尾款一次性支付给甲方。

二 条款解读

本条款是对付款时间、付款方式的具体约定，虽然作为附件，但是实际上是买卖合同的核心条款。

三 签约技巧

1.为避免双方因付款时间出现矛盾，双方应将付款时间具体到××年××月××日。

2.存在抵押的房产要根据抵押权人的名称、数额来评估交易风险。一般情况下，抵押权人是银行、贷款数额合规、还款及时的款项相对来说风险较低。对抵押权人是发放高利贷的、数额成数过高的款项要谨慎、小心。

3. 银行实际放款时间受政策影响较大，可能无法确定，但贷款申请是否审核通过，很容易了解。贷款申请是否通过直接决定交易是否能顺利进行，所以一定要约定清楚银行贷款申请无法通过的补救措施。

4. 付款时间和金额要具体、明确，而且要和合同正文的金额一致。

5. 如果产权人尚有抵押存在，必须约定清楚购房人付款必须专款用于解除抵押而不能挪作他用，且要约定清楚产权人必须于何时解除该房屋抵押以便于过户。

6. 如果购房人需要办理贷款，必须约定清楚购房人必须于何时之前向银行递交申请贷款资料，同时要约定清楚贷款申请审批必须于何时办妥，一般要特别注意过户审批办妥的时间要与正文第六条约定的过户时间相统一。

7. 必须约定清楚如果贷款申请审批未通过或者额度不足，是解除合同还是现金补足；如果选择解除合同，对于采取什么通知方式、后续问题怎么处理也要约定清楚。

8. 从出售人的角度讲，最好限定清楚银行放款的时间，从购买人的角度讲，最好不限定时间，具体是否要限定看双方谈判的情况。一般的约定方式是不限定时间，但前提是自己要做评估、预审。

9. 交房时间要与正文合同第四条一致，不要出现矛盾的地方。签订交接书时一定要仔细看清楚内容，因为其是中介提供的格式文本，可能存在认可实际交付、放弃向违约方主张权利的条款。

10. 尾款预留数额适当高一些，一般10万～20万元比较合适，尤其在户口未迁走的情况下可以更高一些。

四 常见争议

【实务案例1】 首付款挪作他用,导致合同解除。

上海市静安区人民法院审理鲁某某、赵某某与朱某房屋买卖合同纠纷〔案号:(2016)沪0106民初5066号〕时认为:

依法成立的合同,对当事人具有法律约束力。原、被告签订的《上海市房地产买卖合同》系双方真实意思表示,于法不悖,均应按约履行。被告表示同意解除合同,返还房款,但认为因原告支付的首付款不足,导致其无法注销抵押权,不同意承担违约金及中介服务费。但双方签订的房屋买卖合同及《协议》均明确约定,原告支付的首付款项不能还清抵押的,被告将自行解决,且被告在收取原告房款51万元后,明知无法清偿抵押权人的债务,仍未积极筹措差额款项,并将部分房款出借他人,具有明显的主观恶意。故被告的抗辩意见缺乏事实和法律依据,本院不予采纳。

现被告无能力注销抵押,系争合同已无法履行,原、被告均同意解除合同,对此,本院予以确认。合同解除后,被告应将已收取的房款51万元返还原告。因被告未能及时注销抵押,导致合同解除,故被告还应按合同约定向原告承担违约责任。根据合同约定,被告未按照合同约定时间办理抵押注销手续的,每逾期一日需向原告支付原告已付款万分之五的赔偿金,并应继续履行合同。如被告逾期超过十五日的,原告有权单方解除合同。被告除需支付十五日的赔偿金外,还需向原告支付相当于总房价款20%的违约金。根据双方于2016年1月26日签订的《补充协议》,系争房屋的房价款已变更为120万元,故被告应向原告支付赔偿金3825元及违约金24万元。同时双方亦在2015年11月25日的《协议》中明确,因被告不能解决抵押问题,导致合同终止的,被告应按合同条款赔偿原告损失和居间方的服务费。现原告已向居间方缴纳了服务费12000元,故原告要求被告承担该笔费用具有事实和法律依据,本院予以支持。

综上,依照《中华人民共和国合同法》第六十条、第九十四条、第九十七条、第一百零七条之规定,判决如下:一是解除原告鲁某某、赵某某与被告朱某于2015年11月25日签订的《上海市房地产买卖合同》;二是被告朱某应于本判决生效之日起五日内返还原告鲁某某、赵某某购房款51万元;三是被告朱某应于本判决生效之日起五日内向原告鲁某某、赵某某支付赔偿金3825元、违约金24万元;四是被告朱某应于本判决生效之日起五日内赔偿原告鲁某某、赵某某已支付的中介服务费12000元。

【实务案例2】贷款通过未放款,买方无需担责。

上海市宝山区人民法院审理张某某与申某宇、申某军房屋买卖合同纠纷〔案号:(2017)沪0113民初10200号〕时认为:

原、被告签订的《上海市房地产买卖合同》是双方真实意思表示,均应恪守并履行。本案中,根据合同约定,被告应于买卖合同签订后的二十日内向银行提出还款申请,并结清银行剩余贷款,然被告实际结清贷款发生于2017年3月2日,被告构成迟延履行,属违约行为。根据合同补充条款的约定,双方若有任何一方未按照本买卖合同的约定及时全面履行自己的义务(包括签署文书、提供资料、缴纳费用、清空该房屋的户口等交易相关义务),则应承担违约责任。考虑到被告已履行了合同的主要义务,系争房屋也已经按照约定完成过户,其迟延偿还银行贷款对双方实现合同目的没有根本性的影响，且如果按照总房价的日万分之五计算违约金，会造成双方利益失衡，故综合原、被告履行合同的情形等因素，原告主张的违约金过高，本院依法予以调低。

关于被告的反诉主张，原告补交贷款相关材料与被告迟延偿还银行贷款行为有关，且贷款发放时间非原告所能预见，故被告要求原告承担违约金的主张，本院难以支持。

【实务案例3】贷款发放超过合理期限，买方要承担责任。

上海市嘉定区人民法院审理胡某、杨某某、胡某某与李某某、臧某某房屋买卖合同纠纷〔案号：（2016）沪0114民初10019号〕时认为：

原、被告就涉案房屋及附属车位签订的房屋买卖合同及补偿协议系双方当事人真实意思表示，合法有效，双方应当依约履行各自的义务。本案存在三个争议焦点：一是被告是否构成逾期付款？二是被告逾期付款是否构成根本违约？合同应当解除还是继续履行？三是被告应承担的违约金如何计算？

关于争议焦点一，根据合同约定，原告配合被告在2016年4月21日办理了产权过户手续后，被告应当以银行贷款的形式向原告支付房款212万元。虽然合同对于212万元的支付时间未明确约定，但按照二手房交易惯例，正常情况下在办理过户手续后一个月左右，银行能够放贷至卖方账户。本案原告在将房屋过户登记至被告名下将近九个月后才收到被告的银行贷款，远远超出了房屋交易惯例中的贷款到账时间，被告逾期付款的事实成立。

关于争议焦点二，对于被告是否构成根本违约，应结合被告主观上有无过错、是否导致原告合同目的无法实现等因素综合考虑。涉案房屋办理了抵押权人为第三人的他项权利证书后，第三人以涉案房屋内户口未迁出为由拒绝放款，导致原告迟迟未能收到被告支付的212万元房款。第三人在被告办理贷款申请手续时，未将贷款发放的重要条件——房屋内户口必须迁出明确告知被告，贷款合同中也无书面提示，原、被告均表示对第三人有此条件并不知情，故被告对于逾期付款主观上并无明显过错。诉讼中，第三人在2017年1月16日放款至原告账户，原告已收到除尾款8万元之外的全部房款，被告的违约行为并未导致原告不能实现合同目的。故被告尚未构成根本违约。加之，原告已经将涉案房屋过户登记至被告名下，被告也已经支付了绝大部分房款，双方之间合同的主要内容已经履行完毕。原、被告之间的房屋买卖合同及补偿协议应当继续履行。原告应当将涉案房屋交付被告使用，被告应当在原告将户口迁出后，将8万元尾款支付原告。至于原告主张其于2016年7月30日发函解除了与被告之间的房屋买卖合同及补偿协议，因原告在发出解除函前并未催告过被告在合理期限内支付现金212万元，故原告行使单方解除权的条件并未成就。对原告要求确认双方之间的房屋买卖合同及补偿协议已经解除的诉请，本院不予支持。关于原告要求被告配合将涉案房屋恢复登记至原告名下及要求被告支付解约违约金的诉请，亦无法得到支持。

关于争议焦点三，根据《中华人民共和国合同法》相关规定，因第三人的原因造成违约的，被告仍应向原告承担逾期付款的违约责任。对于违约金的起算时间，鉴于合同对于212万元的到账时间约定不明，本院参照二手房交易惯例，酌情从办理过户手续之日起一个月后起算，即从2016年5月22日起计算至实际放款日即2017年1月16日止。关于违约金支付标准，合同约定的标准为按逾期未付款的日万分之五计算，该约定过高，结合被告违约并无主观上的过错及原告所产生的实际损失，本院酌情将支付标准调整为日万分之二，违约金数额确定为101760元。

【实务案例4】贷款逾期发放，很难解除合同。

上海市浦东新区人民法院审理王某某、张某某与宋某某、梅某龙、梅某、梅某子房屋买卖合同纠纷〔案号：（2017）沪0115民初73917号〕时认为：

本案的争议焦点是：一为原、被告是哪一方违约；二为双方的合同是否可以解除。

关于原、被告是哪一方违约的问题。本院认为，依法成立的合同受法律保护，对当事人具有法律约束力。双方均应按照合同的约定，全面履行自己的义务。本案中，原、被告双方在合同中明确约定，被告于2017年6月30日前腾出系争房屋并通知原告进行验收交接及原、被告双方在2017年6月30日之前共同向房地产交易中心申请办理转让过户手续。合同附件三又约定，放款日期以银行放款日期为准，若原告贷款申请未经银行审核通过或审核通过的额度不足以支付上述房价款，则原告应于双方办理交易过户手续的当日将其补足并支付被告。根据上述合同约定及交易习惯，可以看出原告贷款申请由银行审批通过的最后时间应该是2017年6月30日，庭审查明的事实是原告在2017年6月30日还尚未办出银行贷款的审批通过手续，也未按合同约定向被告支付尚余房款，且庭审查明在2017年6月12日系争房屋的抵押被登记注销，这说明被告是在积极履行合同，故原告有明显违约之嫌。依照法律规定，当事人互负债务，没有先后履行顺序的，应当同时履行。一方在对方履行之前有权拒绝其履行要求。一方在对方履行债务不符合约定时，有权拒绝其相应的履行要求。因此，被告未按合同约定的时间向原告交付系争房屋之行为，是于法有据的，不构成违约，因此，本纠纷中是原告违约。所以，原告请求判决被告向原告支付违约金的诉讼请求，于法无据，本院不予支持。

第二十一章
附件三：付款协议

关于双方的合同是否可以解除的问题。本院认为，本案被告虽以邮政挂号信的方式和顺丰速运的方式向原告王某某寄送《催告函》《解除合同通知函》，但均以收件人外出或无此人被退回。根据该事实，可得出原告王某某没有收到被告的上述《催告函》和《解除合同通知函》。本案被告虽又以微信、短信方式向原告王某某发送解除合同通知，但按照双方合同约定单方解除合同的，应当书面通知对方，因解除合同是合同履行过程中重要的事情，既然双方有特别约定的方式，说明原、被告双方是通过慎重考虑而确定的，所以，本院认为理应按合同约定方式发送书面通知为宜，且原告对被告此做法也提出了合同解除无效的异议。同时，被告又明确向本院提出反诉主张判令解除双方于2017年4月28日签订的《上海市房地产买卖合同》之诉讼请求，被告的该行为，已自己否定了发送解除合同通知的法律后果。因此，可以得出结论是原、被告双方的合同尚未解除。根据《中华人民共和国合同法》第九十三条、第九十四条的规定，合同解除包括法定解除和约定解除两种情形。本案中，不存在原告的贷款申请未经银行审核通过或审核通过的额度不足以支付房价款的情况下而不补足支付的情形，也即单方解除合同的情形，且又不存在当事人一方迟延履行债务或者有其他违约行为致使不能实现合同目的等法定解除的情形。根据庭审查明，原告在得知银行办理贷款审批手续无法在2017年6月30日之前完成的消息后，即告知了被告，并要求继续履行合同，进行筹款，且当庭表示房款尾款213万元可以在一周内支付到法院账户，因此，被告反诉请求解除双方于2017年4月28日签订的《上海市房地产买卖合同》的诉请，于法、于情本院难以支持。

综上所述，原告要求判令被告继续履行合同，将位于上海市浦东新区宣桥镇南六公路×××弄×××号×××室房屋过户至原告名下的诉讼请求，符合法律规定，本院予以支持；原告要求判令被告向原告支付违约金41480元（自2017年7月1日起暂计算至2017年8月31日，以136万元为基数按日万分之五计算，此后依此计算至被告将房屋实际交付原告之日止）的诉讼请求，于法无据，本院不予支持。被告要求判令解除双方于2017年4月28日签订的《上海市房地产买卖合同》的诉讼请求，于法无据，本院不予支持。被告要求判令原告向被告支付违约金7455元（计算方式以未付款213万元为基数，从2017年7月1日起计算至7月7日止，以日万分之五计算）的诉讼请求，符合合同约定，本院予以支持。被告要求判令原告向被告支付赔偿金65.8万元（计算方式为总房价329万元的20%）的诉讼请求，因按照合同约定，该项请求的情形是在合同解除的情况下适用，现合同未解除，因此，无合同依据，也无法律之依据，本院难以支持。

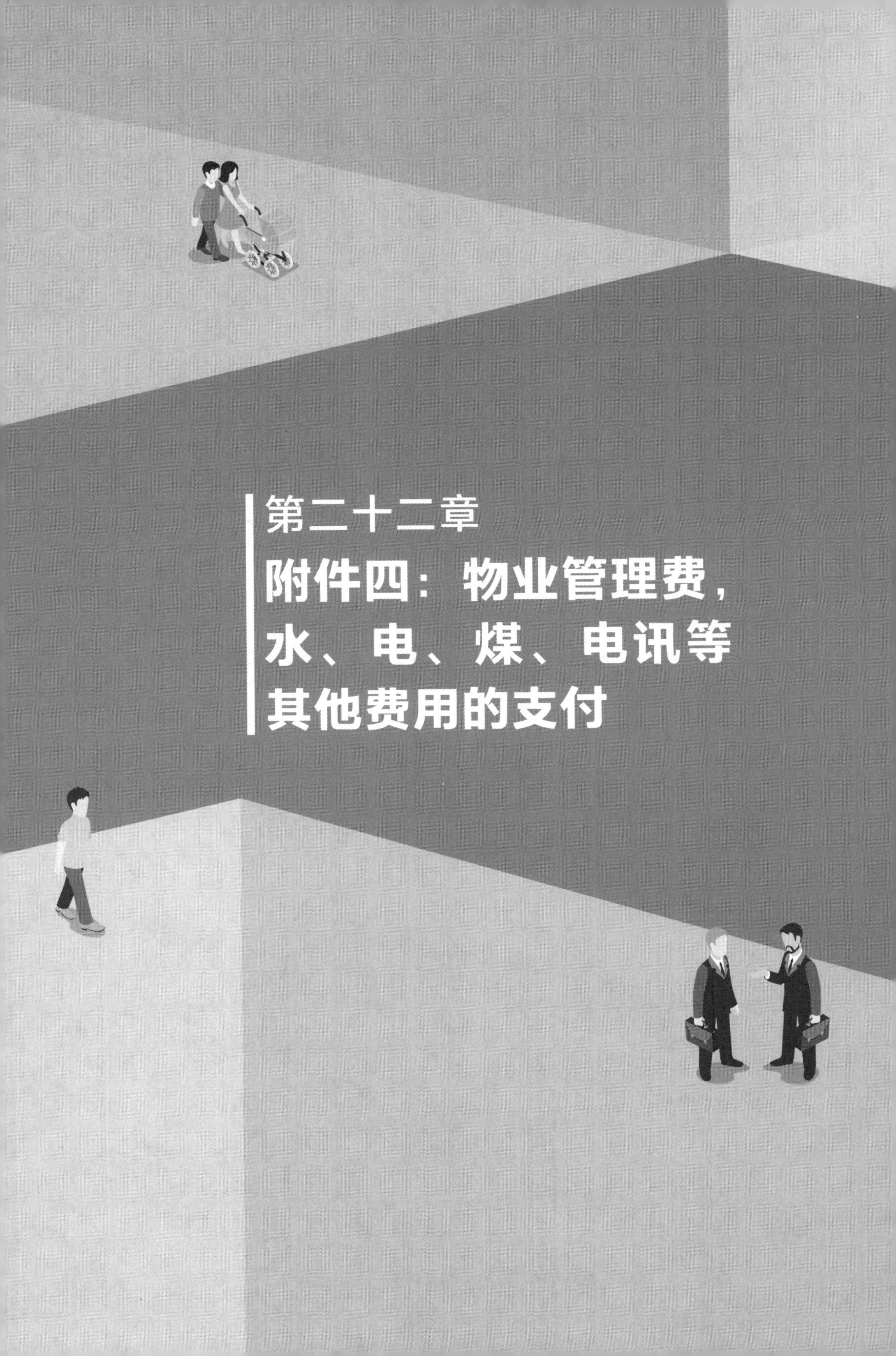

第二十二章
附件四：物业管理费，水、电、煤、电讯等其他费用的支付

第二十二章
附件四：物业管理费，水、电、煤、电讯等其他费用的支付

一　条款内容

附 件 四

物业管理费，水、电、煤、电讯等其他费用的支付

（粘贴线）　　　　　　　　　　　　　　　　　　　（骑缝章加盖处）

　　物业管理费，水、电、煤、电讯等费用，在转移占有前未支付和未结算的费用由甲方承担；转移占有后，使用该房地产所发生的费用均由乙方承担。

　　甲方在本合同第四条约定的房屋验收交接后，与乙方共同办理水、电、燃气、电话、有线电视等过户手续。物业维修基金，水、电、有线电视、电话、燃气初装费按以下第_____款办理：

　　（一）由甲方无偿转让给乙方，乙方无需另外支付费用。

　　（二）由乙方另行向甲方支付，具体金额由甲、乙双方办理过户手续时以各相关部门规定为准。

二　条款解读

　　附件四作为第八条的补充条款，给买卖双方提供了选择的空间。

三 签约技巧

1.根据第七条确定风险责任转移的时间节点。

2.对风险转移之前的日常费用的承担,做出明确的约定。

3.转移占有的时间节点一定要前后一致,实在搞不清楚就具体到年月日,避免不必要的麻烦。

4.上述项目的变更、过户一般免费或者费用不高,如果约定不清虽然无伤大雅,但容易影响自己的心态,谨慎为好。

四 常见争议

【实务案例1】转移占有前,费用由原房东承担。

上海市普陀区人民法院审理顾某某与龚某某、赵某某房屋买卖合同纠纷〔案号:(2019)沪0107民初11865号〕时认为:

依法成立的合同,对当事人具有法律约束力。当事人应当按照合同约定全面履行自己的义务。当事人必须依法履行发生法律效力的判决书、裁定书和调解书。被执行人未按判决书指定的期间履行给付金钱义务的,应当加倍支付迟延履行期间的债务利息。被执行人未按判决、裁定和其他法律文书指定的期间履行其他义务的,应当支付迟延履行金。

首先,关于判令顾某某支付龚某某、赵某某所垫付的个人所得税、房产税及其利息损失，根据双方合同约定，交易中的税费由双方当事人按国家及本市有关规定缴纳，现龚某某、赵某某支付的个人所得税、房产税按规定本应由顾某某缴纳，因顾某某不予缴纳，龚某某、赵某某为顺利完成过户手续而代为缴纳，故顾某某应当予以返还。就具体金额，龚某某、赵某某已提交完税凭证予以证明，一审法院予以确认。至于利息，龚某某、赵某某代为缴纳税款本身并非其义务，故其自愿代为缴纳后，再主张本金之外的利息损失，缺乏依据，不予支持。

其次，关于判令顾某某支付龚某某、赵某某所垫付的物业管理费、保洁与保安费、燃气费、电费及其利息损失，根据双方合同约定，前述费用在房屋转移占有前未支付和未结算的费用由顾某某承担，现因顾某某不予缴纳，龚某某、赵某某为顺利完成房屋交接而代为缴纳，故顾某某应当予以返还。就具体金额，龚某某、赵某某已提交相关支付凭证予以证明，一审法院予以确认。至于利息，如之前论述，一审法院亦不予支持。

最后，关于判令顾某某支付龚某某、赵某某逾期交房违约金、逾期办理过户登记违约金、逾期迁出户口违约金，龚某某、赵某某均主张自2018年4月17日即（2017）沪0107民初14881号案件判决生效之日起计算，分别计算至实际交房、过户及户口迁出之日。该三项诉请实际系判决生效后，顾某某未按期履行生效判决确定的义务所造成的损失，龚某某、赵某某应当通过执行程序解决，而非提起诉讼。故本案中对该三项诉请不予处理。

据此，一审法院做出判决：一是顾某某应于判决生效之日起十日内支付龚某某、赵某某已垫付的个人所得税款18600元；二是顾某某应于判决生效之日起十日内支付龚某某、赵某某已垫付的房产税154.42元；三是顾某某应于判决生效之日起十日内支付龚某某、赵某某已垫付的物业管理费2486.40元、保洁与保安费468元、燃气费84.30元、电费104.10元,合计金额3,142.80元;四是对龚某某、赵某某的其余诉讼请求不予支持(不予处理的除外)。

【实务案例2】拖欠的维修基金,按约定由卖方承担。

上海市长宁区人民法院审理傅某某与李某某房屋买卖合同纠纷〔案号:(2018)沪0105民初12905号〕时认为:

民事活动应当遵循自愿、公平、等价有偿和诚实信用的原则。原、被告签订的房屋租赁合同、协议书、租约转让协议及延期协议系双方真实意思表示,不违反法律和行政法规的强制性规定,也未损害第三人的合法权益,应属合法有效,当事人均应恪守履行。

关于过户时间,延期协议中,双方约定将过户时间变更为2018年3月31日前。原告依约在2018年3月21日通知被告要求办理过户手续,双方约定于2018年3月28日办理过户手续,但被告未按约定时间履行过户义务,显属违约,应依约承担2018年3月29日至2018年4月8日期间迟延过户的违约责任。

关于交房时间,尽管买卖合同中约定被告收到本次交易的除尾款外的其他房价款腾出涉讼房屋并通知原告进行验收交接,但此后原、被告又签订了延期协议,约定原告应在2018年1月16日支付完毕包括尾款在内的所有房价款,被告在收到房价款之日起,视为被告向原告完成了房屋交付。另外,延期协议中明确协议签订前涉讼房屋有尚未履行完毕的租赁合同,被告有义务协助原告在延期协议约定的时间内办理过户手续,在过户前原租赁收益的全部归被告所有,作为原告本次延期过户向被告做出的补偿。从延期协议约定可以明确看出,2018年1月16日该日期系视为被告向原告完成了房屋交付，而在过户前原租赁收益的全部归被告所有的约定，系双方将交房时间变更为办理过户手续之日。原告自述被告于2018年4月8日配合原告办理过户手续，于法不悖，故本院确认双方约定的交房时间应为2018年4月8日。原告实际于2018年5月7日通过开锁方式取得涉讼房屋，被告理应承担2018年4月9日至2018年5月7日期间迟延交房的违约责任。

综上，违约金的起算点应为2018年3月29日，原告将2018年1月17日作为迟延过户及交房违约金的起算点没有合同依据，本院不予采纳。根据买卖合同补充条款（一）的约定，被告未按照买卖合同及各项附件等约定履行的，每逾期一日需向原告支付总房价款万分之五的赔偿金，并应继续履行。被告迟延过户及交房，应按照约定承担相应的违约责任，故对于原告要求被告支付迟延交房违约金的诉讼请求本院予以支持。被告经本院合法传唤未到庭抗辩，视为放弃抗辩权利。

对于原告要求被告支付垫付维修基金费用的诉讼请求，本院认为，根据买卖合同补充条款（一）和买卖合同附件四的约定，维修基金等费用均已包含在房价款内，不再另行结算；物业管理费，水、电、煤、电讯等费用，在转移占有前未支付和未结算的费用由被告承担；物业维修基金，水、电、有线电视、电话、燃气初装费由被告无偿转让给原告，原告无须另外支付费用，故对于被告在涉讼房屋转移占有前未支付的维修基金费用，应由被告承担。现原告予以垫付，被告应予以返还。原告的该项诉讼请求具有事实和合同依据，本院予以支持。

第二十三章
附件五：相关关系（包括租赁、抵押、相邻等其他关系）和户口迁移

第二十三章
附件五：相关关系（包括租赁、抵押、相邻等其他关系）和户口迁移

一　条款内容

附　件　五

相关关系（包括租赁、抵押、相邻等其他关系）和户口迁移

（粘贴线）　　　　　　　　　　　　　　　　　　（骑缝章加盖处）

已购公房参加房改购房时的同住成年人意见：

同意出售上述房屋。

（签章）

（签章）

（签章）

（签章）

租赁情况：_____

抵押情况：_____

相邻关系：_____

二　条款解读

本条涉及四个方面，售后公房同住人意见及租赁、抵押、相邻关系。

三 签约技巧

1.关于售后公房同住人的问题。这限于售后公房，非售后公房不涉及这个条款。对于售后公房而言，现在房地产交易中心不再要求同住人到场签字，所以此处的签章可以不填，既不影响过户也不影响合同效力，所以绝大部分人选择不填。当然，如果谨慎起见要求所有同住人签字也是可以的，但如何评定哪些人是同住人是一件难度不小的事，实践中很难做到。

2.关于租赁问题。建议据实填写：如果没有租赁关系就填写无；如果有租赁关系，那么就要约定清楚租赁关系如何处理。例如，"甲方负责解除租约并清退租客""租赁关系由乙方承接，自过户之日起租金由乙方直接收取"等。

3.关于抵押问题。如实填写，具体的解除办法在前面附件三中已经明确约定。

4.相邻关系绝大多数都是约定"良好"。实践中此问题涉诉的可能性小。

5.上述几项一定要如实填写，否则出现问题后可能引起违反合同约定，需要承担违约责任。

四 常见争议

【实务案例1】第三人非善意取得的，买卖合同无效。

上海市浦东新区人民法院审理胡某华、朱某某、胡某莹与金某某、金某房屋买卖合同纠纷〔案号：（2019）沪0115民初73284号〕时认为：

第一，关于系争房屋的权属问题。首先，系争房屋是根据94方案购买的房屋，该房屋的产权于1995年1月22日登记在胡某某名下，胡某某于2012年1月30日死亡，原告于2013年11月1日提起本案诉讼，故本案中确认系争房屋权属问题未超过法律规定的诉讼时效。其次，根据法律规定，按照94方案购房时未成年人的同住人不是购房优惠政策的当然享受者，不被赋予购房资格，不能确权为售后公房的产权人。本案中胡某莹在1994年购买系争房屋时尚未成年，故不能确认为系争房屋的产权人。再次，根据法律规定，按94方案购买的房屋，产权证登记为一人的，在诉讼时效内，购房时的购房人、工龄人、职级人、原公房的同住人及具有购房资格的出资人主张房屋产权的，可确认房屋产权共有，故本案中系争房屋产权为胡某华、张某某、朱某某、胡某某共同共有。

第二，关于胡某某与金某、金某某于2008年3月19日签订的《上海市房地产买卖合同》是否有效的问题。根据法律规定，登记产权人擅自与第三人签订房屋买卖合同，将所购买房屋出售的，如果第三人受让房屋时为善意、转让价格合理且房屋已经过户登记在第三人名下的，可依据《中华人民共和国物权法》善意取得系争房屋所有权。本案中系争房屋产权为胡某华、张某某、朱某某、胡某某共同共有。胡某某作为产权登记人擅自与金某、金某某签订买卖合同，将系争房屋予以转让，并完成产权变更登记手续，针对该行为是否适用善意取得制度，本院认为：首先，受让人受让该财产时必须是善意的，财产的善意取得以受让人的善意为条件，如果受让人具有恶意，则不得适用善意取得。本案中，胡某某与朱某某系夫妻关系，上海市嘉定区人民政府新成路街道办事处出具证明显示，被告金某与胡某某自1998年5月至2005年6月期间以夫妻名义共同居住在嘉定区迎园中路×××弄×××号×××室，居住期间，双方生育一女名金某某，两名被告在庭审中自认自2005年7月始按照胡某某安排迁入系争房屋中居住。金某作为财务人员，应当具备相当的文化程度和法律意识，亦即金某应当知道缔结婚姻应当办理结婚登记手续。而金某与胡某某自1998年5月起以夫妻名义共同生活，并于1998年10月23日生育一女金某某，且金某在胡某某挂靠的单位担任财务，直至胡某某于2012年1月30日因病去世，其间双方有足够的事由和时间去民政部门办理结婚登记手续，但金某与胡某某并未办理结婚登记手续，明显有违常理，就此只能说明金某明知胡某某有配偶。胡某某与金某婚外同居违反了婚姻法的禁止性规定。基于胡某某与金某的特殊关系，金某明知胡某某有配偶，胡某某在婚姻关系存续期间，非因日常生活需要擅自单独将家庭共同财产转让给两名被告，作为受让人的两名被告不具有善意，无法基于善意取得制度取得系争房屋的所有权。重审中被告提供的与胡某莹等人之间的谈话录音，不能证明其他系争房屋产权人授权胡某莹等人对房屋买卖关系的效力予以追认。故胡某某与金某、金某某于2008年3月19日签订的《上海市房地产买卖合同》无效。

第三，关于合同无效的法律后果。合同无效后，因该合同取得的财产，应当予以返还。系争房屋原登记在胡某某一人名下，胡某某于2012年1月30日死亡，系争房屋产权应恢复登记在胡某某的继承人即胡某华、张某某、朱某某、胡某莹、金某某名下,张某某于2014年9月1日死亡,张某某的份额应恢复登记在张某某的继承人名下,各继承人如对系争房屋中的产权份额予以主张,属于析产继承法律关系,可在另案诉讼中主张。金某举证证明其分别于2011年10月9日通过中国建设银行转账给胡某某167395元,通过中国银行转账给胡某某50000元,通过中国农业银行转账给胡某某100000元,2011年11月9日通过中国建设银行转账给胡某某60000元,2011年11月22日通过中国建设银行转账给胡某某55000元,上述共计432395元系两名被告支付给胡某某的房款,原告对银行转账凭证的真实性无异议,但抗辩基于金某与胡某某的特殊关系,无法确认432395元是支付系争房屋的房款。本院认为,没有证据或者证据不足以证明当事人的事实主张的,由负有举证责任的当事人承担不利后果。因被告已完成证明其支付房款的举证责任,而原告未提供相反证据证明432395元不是房款,应承担举证不能的法律后果,故对原告的抗辩理由,本院不予采信。基于无效合同取得的财产,应当予以返还。系争房屋的转让价为350000元,胡某某理应予以返还,鉴于胡某某已死亡,系争房屋产权恢复登记至胡某某的继承人名下,故350000元房款应由胡某某的继承人在继承遗产范围内予以返还给两名被告,张某某已经死亡,故由原告胡某华、朱某某、胡某莹返还给被告金某、金某某房款350000元。

第四,关于原告要求两名被告返还系争房屋并支付房屋使用费问题。系争房屋买卖合同被确认无效后,系争房屋的产权恢复登记在胡某华、朱某某、胡某莹、金某某名下,金某某在系争房屋中享有产权份额,金某是金某某的监护人,原告要求两名被告从系争房屋中迁出并返还系争房屋,缺乏依据。考虑到金某某与胡某某之间存在亲子关系,且金某某是胡某某的继承人之一,金某是金某某的监护人,同时兼顾保护妇女儿童的合法权益,原告要求两名被告支付房屋使用费的诉讼请求,本院难以支持。

【实务案例2】 第三人若善意取得的，买卖合同有效。

上海市第一中级人民法院审理王某列、薛某某与王某民、王某华、陈某、安某房屋买卖合同纠纷〔案号：（2017）沪01民终13516号〕时指出：

一审法院认为，本案系争房屋是按94方案购买的房屋，虽然在××房××号《房屋所有权证》上仅登记王某民为所有权人，但系争房屋应为王某列、薛某某和王某民、王某华共同共有。

本案的主要争议焦点之一，王某民、王某华与陈某、安某是否存在恶意串通损害王某列、薛某某财产利益的情形？对此，一审认为，王某列、薛某某认为，王某民、王某华与陈某、安某是恶意串通，但王某列、薛某某亦无证据证明王某民、王某华与陈某、安某具有恶意串通损害王某列、薛某某合法权益的情形，因此，系争房屋买卖合同系王某民、王某华与陈某、安某的真实意思表示，内容并未违反法律或行政法规的强制性规定，故系争房屋买卖合同合法有效。

本案的争议焦点之二，陈某、安某是否属于善意取得？对此，一审认为，系争房屋属于王某列、薛某某和王某民、王某华共同共有，本案中并无证据证明王某民、王某华出售系争房屋时取得了王某列、薛某某的授权或同意，故王某民、王某华擅自将系争房屋出卖给陈某、安某的行为属于无权处分。根据《中华人民共和国物权法》第一百零六条第一款的规定："……除法律另有规定外，符合下列情形的，受让人取得该不动产或者动产的所有权：（一）受让人受让该不动产或者动产时是善意的；（二）以合理的价格转让；（三）转让的不动产或者动产依照法律规定应当登记的已经登记，不需要登记的已经交付给受让人。"根据本案查明的事实，陈某、安某是在中介方的居间下，向王某民、王某华购买了系争房屋，并已向王某民、王某华付清了除尾款外的全部购房款，系争房屋产权也已过户至陈某、安某名下,虽然,在《上海市房地产买卖合同》中约定的转让价款为125万元,但真实的转让价款应当以《房屋出售居间合同》为准,即160万元,该交易价格并未明显与当时的市场价格不符,因此,陈某、安某为善意取得系争房屋的所有权。

综上,对王某列、薛某某的诉讼请求,不予支持。虽然一审法院在本案中未支持王某列、薛某某的诉讼请求,但王某列、薛某某有权向王某民、王某华请求赔偿损失。王某民、王某华未到庭参加诉讼,且未发表答辩意见,视为王某民、王某华放弃其答辩权利,对此产生的法律后果,应由王某民、王某华自行承担。

本院认为,虽然系争房屋系按94方案购买而登记在王某民一人名下,但王某华、王某列、薛某某系购买系争房屋产权时的同住成年人,故王某华、王某列、薛某某亦对系争房屋享有相应权利。后王某民、王某华通过补办产证并申请增加权利人的方式,将系争房屋登记在其二人名下。现王某列、薛某某起诉要求确认王某民、王某华与陈某、安某就系争房屋签订的买卖合同无效,其主要理由系认为王某民、王某华擅自出售系争房屋的行为侵害了王某列、薛某某对系争房屋享有的权利,陈某、安某对系争房屋还存在其他权利人亦为知情故非善意受让方。对此,首先,即便王某民、王某华出售系争房屋的行为构成无权处分,根据最高院买卖合同司法解释的相关规定,系争房屋买卖合同亦非无效。其次,陈某、安某与系争房屋登记的权利人王某民、王某华签订买卖合同,支付合理对价,系争房屋亦已登记至陈某、安某名下,故一审法院认定陈某、安某系善意购房人亦无不当。最后,王某列、薛某某主张陈某、安某应知晓系争房屋存在其他权利人,但纵观系争房屋的交易过程,陈某、安某在购房时应已尽到一般购房人的注意义务,故王某列、薛某某以此主张系争房屋买卖合同无效,亦不能成立。就王某民、王某华出售系争房屋给王某列、薛某某造成的损失，王某列、薛某某可另行主张权利。综上所述，王某列、薛某某的上诉请求不能成立，应予驳回；一审判决认定事实清楚，适用法律正确，应予维持日起的相应违约金。"

【实务案例3】出售之后的租约，无法继续使用房屋。

上海市第二中级人民法院审理郜某某与龚某、范某、倪某某、范某某房屋买卖合同纠纷〔案号：（2018）沪02民终913号〕时指出：

一审法院认为，龚某与范某、倪某某、范某某签订的《房屋买卖合同》及示范文本《上海市房地产买卖合同》系双方当事人的真实意思表示，依法成立，合法有效，双方均应按约履行。本案中，双方实际已完成了系争房屋的交易过户手续，范某、倪某某、范某某理应按照约定在2017年3月31日向龚某交房，范某、倪某某、范某某不能按约履行，依约应承担违约责任。龚某对范某某关于双方在合同中约定的违约金是对合同整体的履行而言、并没有针对逾期交房明确约定违约金不持异议，同意由法院根据案件情况予以确定，故一审法院依据合同的履行情况、违约原因及范某、倪某某、范某某逾期交房对龚某造成的损失等情形综合考虑后，对龚某请求的违约金数额做相应调整。

对郜某某关于买卖不破租赁，要求继续租赁系争房屋的陈述，一审法院认为，郜某某与范某签订租赁合同时，范某已将系争房屋出售给龚某，虽然尚未办理过户手续，但房屋买卖合同已经网签，龚某也已按约支付了部分房款，龚某并不知道范某将已出售的房屋又租赁给了郜某某，故相应的法律后果不能由龚某承担，郜某某不能以买卖不破租赁为由，对抗龚某对房屋处分的权利，故郜某某要求租赁合同继续履行的意见不予采纳，郜某某应搬离系争房屋，其与范某的租赁合同可另行主张。

综上，龚某要求范某、倪某某、范某某继续履行合同向龚某交付系争房屋及范某、倪某某承担逾期交房违约金、郜某某从系争房屋中搬离的诉讼请求，于法有据，予以支持。范某、倪某某未到庭应诉答辩视为放弃答辩的权利，法院依法缺席判决。

据此，一审法院做出判决：一是郜某某于判决生效之日起二十日内搬离上海市崇明区城桥镇绿海路×××弄×××号×××室房屋，范某、倪某某、范某某应于郜某某搬离后当日将上述房屋交付给龚某，龚某于接收房屋当日支付范某、倪某某、范某某房屋尾款1万元；二是范某、倪某某于判决生效之日起十日内支付龚某逾期交房违约金3万元。

本院认为，龚某与范某、倪某某、范某某就系争房屋签订的《房屋买卖合同》及《上海市房地产买卖合同》是双方真实意思表示，合法有效。郜某某称因上述房屋买卖合同存在做低房价的情况故应为无效的意见，不能成立，理由一审判决中已有详细论述，本院予以认同。因龚某与范某、倪某某、范某某签订房屋买卖合同的时间早于郜某某自范某处租赁系争房屋的时间，故郜某某以买卖不破租赁为由主张其有权继续使用系争房屋的意见，缺乏依据，本院无法采纳。郜某某如因租赁合同无法继续履行而受损，可与范某另行解决。

【实务案例4】涤除抵押权，办理过户。

上海市嘉定区人民法院审理田某某、姚某某与吴某、吴某某、薛某某房屋买卖合同纠纷〔案号：（2019）沪0114民初9384号〕时认为：

原、被告签订的《上海市房地产买卖合同》系双方的真实意思表示，且不违反法律、行政法规的强制性规定，当属合法有效，双方均应按约履行。现被告未按约办理产权过户手续的行为已构成违约，应承担相应的违约责任，故被告理应配合原告办理讼争房屋的产权过户手续并支付违约金。

关于违约金标准问题，现被告提出违约金标准过高，要求予以调整的请求，因讼争房屋已实体交付予原告，本院结合本案的实际情况，酌情将违约金标准调整为每日万分之二，自2018年12月1日起计算至过户之日止。根据查明的事实，被告就讼争房屋仍有贷款尚未还清，在此情况下无法直接过户，故被告理应先还清贷款以涤除抵押，在贷款还清的情况下，第三人应配合涤除抵押。抵押涤除后，被告应及时配合原告办理产权过户手续。据此，依照《中华人民共和国合同法》第一百零七条之规定，判决如下：一是被告吴某、吴某某、薛某某应于本判决生效之日起十日内清偿第三人中国银行股份有限公司上海市嘉定支行就位于上海市嘉定区恒荣路×××弄×××号×××室房屋上的银行贷款（具体金额以第三人中国银行股份有限公司上海市嘉定支行出具的还款明细清单为准）；二是第三人中国银行股份有限公司上海市嘉定支行应于上述银行贷款还清之日起十日内涤除位于上海市嘉定区恒荣路×××弄×××号×××室房屋上设定的抵押；三是被告吴某、吴某某、薛某某应于上述抵押涤除之日起十日内协助原告田某某、姚某某办理位于上海市嘉定区恒荣路×××弄×××号×××室房屋的产权过户手续，将该房屋过户至原告田某某、姚某某名下；四是被告吴某、吴某某、薛某某应于本判决生效之日起十日内向原告田某某、姚某某支付违约金（以人民币191万元为基数，按照每日万分之二为标准，自2018年12月1日起计算至过户之日止）。

【实务案例5】因相邻权受到侵害，可以排除妨害。

上海市徐汇区人民法院审理张某某与郁某某房屋买卖合同纠纷〔案号：（2020）沪0104民初2763号〕时认为：

第二十三章
附件五：相关关系（包括租赁、抵押、相邻等其他关系）和户口迁移

不动产的相邻各方，应按照方便生活、团结互助、公平合理的精神，正确处理相邻关系。相邻方在为了自身利益进行搭建时，不仅要符合相关法律、法规的规定，也不得对他人的日常生活、居住安全等造成妨碍。郁某某未经有关部门和相邻方同意擅自搭建顶棚，该顶棚高度距离203室窗户较近，客观上对居住楼上的张某某的居住安全、正常生活产生一定影响，侵犯了相邻方的合法权益，故张某某要求郁某某拆除顶棚的请求，本院予以支持。空调的安装应当符合《上海市空调设备安装使用管理规定》的相关规定，空调设备应该尽可能地远离相邻方的门窗，现郁某某因搭建了天井顶棚而将空调外机部分安装在203室窗户下方的二层房屋外墙上，侵犯了相邻方的合法权益，且也不符合有关规定，因此，郁某某理应将空调外机移装，以减少对相邻住户的妨碍，故张某某的诉请，本院予以支持。郁某某不同意拆除顶棚、空调外机的抗辩理由不足，本院不予采纳。

第二十四章
附件六：居间介绍、代理等中介服务情况

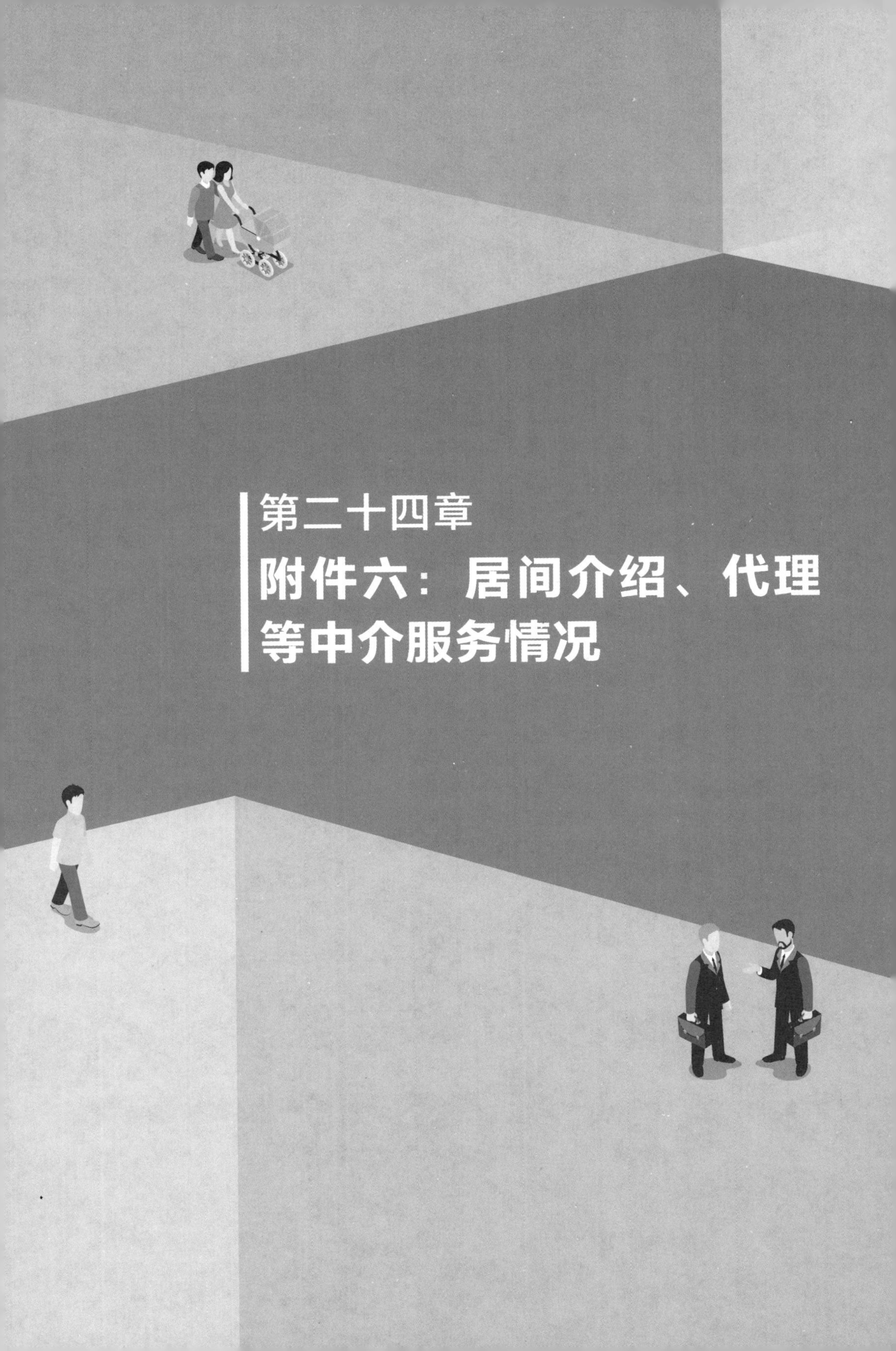

一 条款内容

附件六

居间介绍、代理等中介服务情况

（粘贴线）　　　　　　　　　　　　　　　　　　　（骑缝章加盖处）

（居间介绍）（代理）的房地产经纪公司：（章）　　　　　　（居间介绍）（代理）的房地产经纪公司：（章）

联系地址：　　　　　　　　　　　　联系地址：

联系电话：　　　　　　　　　　　　联系电话：

房地产执业经纪人姓名：　　　　　　房地产执业经纪人姓名：

房地产经纪人执业证书号：　　　　　房地产经纪人执业证书号：

联系电话：　　　　　　　　　　　　联系电话：

居间介绍、代理内容：　　　　　　　居间介绍、代理内容：

（代理委托方：　　　　方）　　　　（代理委托方：　　　　方）

二 条款解读

本条款涉及居间代理公司、地产中介有关信息，遗憾的是，实务中实际代理的中介往往与网签中介不一致，这无形中增加了交易的风险。

三 签约技巧

1. 核实陪你看房、签约、收款的中介名称与网签中介名称是否一致。
2. 如果不一致，自己要做好相关准备工作。
3. 如果自己熟悉交易流程，可以采取手拉手方式，不需要中介代理。
4. 如果需要中介参与，尽量选择品牌、规模相对大些的公司。

四 常见争议

【实务案例1】不具备主要条款的合同是预约合同。

上海市第一中级人民法院审理王某某与李某某房屋买卖合同纠纷〔案号：（2017）沪01民终13688号〕时指出：

第二十四章
附件六：居间介绍、代理等中介服务情况

一审法院认为，双方争议焦点之一是居间买卖合同系预约合同还是正式合同。从合同内容看，双方未约定房屋交付时间、房屋过户时间、贷款办理时间等合同主要条款，而且合同中多次约定需另外签订买卖合同，故一审法院采信王某某、薛某主张，认定该合同系预约合同。根据居间买卖合同的约定，双方应在李某某社保缴费年限已满的情况下另行签订正式买卖合同，现签订正式买卖合同的条件已满足，但王某某、薛某不再愿意继续履行合同，不愿意另行协商签订正式合同，故签订该预约合同的王某某应承担违约责任。

双方争议焦点之二是薛某是否知情与同意居间买卖合同的签订与履行。案外人王某代表王某某以及薛某签订，虽王某与薛某关系特殊，也不排除不经薛某同意即签订买卖合同的可能。虽然李某某提供的录音中薛某没有直接表示不知情、不同意，但也没有表示知情与同意。再则，因认定该合同为预约合同，现王某某、薛某均表示不愿继续履行，故即使认定薛某当时知情与同意，现也不能继续履行合同。一审法院认定薛某未签订该合同，无须承担法律责任，王某某未能让薛某同意并签订正式买卖合同，应承担违约责任。

因居间买卖合同无法继续履行，李某某诉请解除合同，王某某、薛某也同意解除合同，故对李某某解除合同的诉请应予以支持。解除合同后，王某某收到的房款25万元当然应返还。审理中李某某表示如果解除合同，要求返还房款20万元，并双倍返还定金10万元，因李某某后来选择并变更为由王某某、薛某承担赔偿责任，故其中的定金5万元作为房款返还。

从李某某与王某某签约之后的房地产市场情况来看，房价出现了大幅度上涨，李某某作为买受方，由于王某某违约，存在着机会利益损失，且此机会利益损失远远大于双倍返还定金之数额。根据《最高人民法院

关于审理买卖合同纠纷案件适用法律问题的解释》第二条的规定，当事人签订认购书、订购书、预订书、意向书、备忘录等预约合同，约定在将来一定期限内订立买卖合同，一方不履行订立买卖合同的义务，对方请求其承担预约合同违约责任或者要求解除预约合同并主张损害赔偿的，人民法院应予支持。据此，一审法院从实际情况出发，考虑合同履行情况、当事人过错程度等因素，酌情确定李某某的损失为122万元。

一审法院审理后，于2017年9月15日依照《中华人民共和国合同法》第八条、第六十条、第九十四条第（四）项、第九十七条，《最高人民法院关于审理买卖合同纠纷案件适用法律问题的解释》第二条的规定判决：一是解除李某某和王某某于2016年7月12日签订的《房地产居间合同（买卖）》；二是王某某于判决生效之日起十日内返还李某某房款人民币25万元；三是王某某于判决生效之日起十日内赔偿李某某损失人民币122万元；四是对李某某的其余诉讼请求不予支持。如果未按判决指定的期限履行给付金钱义务，应当依照《中华人民共和国民事诉讼法》第二百五十三条之规定，加倍支付迟延履行期间的债务利息。案件受理费减半收取计10410元，由李某某负担1395元，由王某某负担9015元；评估费7890元由王某某负担。

本院认为，鉴于王某某拒绝履行居间买卖合同构成违约的事实明确，且其本人亦对应承担相应违约责任不持异议，故本案争议焦点为：对居间买卖合同解除所致李某某损失金额应如何认定？

首先，本院认同一审法院关于居间买卖合同系预约合同的相关认定意见。

其次，一审法院系认为李某某因无法购买涉案房屋存在机会利益损失，由此依据《最高人们法院关于审理买卖合同纠纷案件适用法律问题的解释》第二条的规定酌情判令王某某赔偿李某某损失122万元。对此，预约合同系指当事人之间约定为在将来一定期限内订立本约合同而达成的协议，而之所以要区分预约合同和本约合同，是因为在很大程度上违反两者的责任是不同的。因预约所处的阶段实质是本约的缔约阶段，所以通常而言，预约的违约责任范围大致相当于本约的缔约过失责任，预约违约赔偿的利益范围大致与本约的信赖利益相当，包括直接损失和间接损失。结合本案实际情况，李某某因王某某拒绝履行合同遭受的损失主要包括其实际支付款项的法定孳息损失、李某某为缔约而实际发生的费用以及李某某因与王某某签约而丧失在当时与他人签约并如约购买房屋的机会利益损失等。李某某在一审中主张王某某应赔偿其损失共计153万元，实际系涉案房屋在2017年5月31日这一时点的市场价值与双方约定转让价之间的差额。鉴于房屋差价损失系可得利益损失而属于本约违约赔偿的范围，故李某某以此作为其预约违约损失的计算标准缺乏依据。一审法院虽对该损失金额酌情调整为122万元，但本院认为该金额仍然过高而存在不当之处，理由为：①涉案房屋权利人之一的薛某并未签署居间买卖合同，一审法院也已认定并无充分证据证明薛某对王某或王某某出具承诺书、签署居间买卖合同系知情且认可，故在作为预约合同的居间买卖合同缺少权利人之一薛某签字认可的情况下，对完全有可能无法如约签订正式买卖合同李某某应有一定预见。②根据评估报告记载，就涉案房屋市场价值的评估结论系以2017年5月31日为价值时点，但根据在案证据，至迟在2016年10月16日，王某某、薛某已明确告知李某某不再与其签订正式房屋买卖合同，基于薛某本非居间买卖合同的签订方，故在此时李某某即应另寻途径购房而减少相应损失，此亦不影响李某某同时追究王某某相应违约责任的权利。然，李某某却坚持要求继续履行居间买卖合同，在双方无法就此达成一致的情况下，李某某提起一审诉讼仍要求继续履行居间买卖合同，其系在一审诉讼中变更诉请主张解除预约合同并赔偿损失、申请对系争房屋的市场价值进行评估,由此导致评估报告出具当时即2017年5月31日这一时点涉案房屋的市场价值已高达251万元。因拖延至该时点系因李某某诉讼不当而未采取有效止损行为、司法评估流程等因素所致,在出售方尤其是薛某已经在2016年10月16日明确告知李某某不予签订正式买卖合同的情况下,因上述原因拖延导致涉案房屋市场价值波动的不利后果,不应由王某某承担。一审法院系以2017年5月31日的涉案房屋市场价值与预约合同约定的房价98万元之间的差价作为确定李某某所受机会利益损失的基本依据并进行酌情调整,缺乏依据。综合考量2016年10月16日王某某、薛某明确拒绝与李某某签订正式买卖合同时距离居间买卖合同的签订仅三个月左右的时间,李某某亦仅支付了5万元定金和20万元房款,且因薛某并未签订预约合同故正式买卖合同未能签订李某某自身亦负有一定责任等因素,现王某某在二审期间自愿赔偿李某某违约损失50万元,本院认为该金额应可补偿王某某因违反预约合同给李某某造成的损失,本院对此予以照准。

综上所述,一审相关判项不当,本院对此予以变更。依照《中华人民共和国民事诉讼法》第一百七十条第一款第(二)项之规定,判决如下:一是维持上海市奉贤区人民法院(2017)沪0120民初3886号民事判决主文第一、第二项;二是撤销上海市奉贤区人民法院(2017)沪0120民初3886号民事判决主文第四项;三是变更上海市奉贤区人民法院(2017)沪0120民初3886号民事判决主文第三项为——王某某于本判决生效之日起十日内赔偿李某某损失50万元。

【实务案例2】具备主要条款的合同是本约合同。

上海市第一中级人民法院审理姜某、陈某某与张某某、沈某某房屋买卖合同纠纷〔案号:(2018)沪01民终9229号〕时指出:

第二十四章
附件六：居间介绍、代理等中介服务情况

一审法院认为，张某某、沈某某与姜某、陈某某所签订的《居间合同（买卖）》系双方真实意思表示，且不违反法律法规的强制性规定，合法有效。

关于《居间合同（买卖）》是不是本约的问题，因该合同对标的物、价款、价款付清时间、过户费用等内容做出了明确约定，亦写明"全部房款付清交房"，具备了房屋买卖合同的主要内容，双方并无再另行订立交易合同以最终确定双方本案房屋买卖法律关系，并且，双方已按约收、付部分购房款。故法院认为双方所签订的《居间合同（买卖）》为本约，双方当事人均应按约履行各自的合同义务。

关于违约方的问题，根据庭审查明的事实及双方的陈述，双方应于2016年8月20日至中介处签订网签版的房屋买卖合同，但姜某、陈某某于当日并未至中介处签约，并明确表示不再出售系争房屋，虽张某某、沈某某存在变更购房主体、逾期付款的行为，但姜某、陈某某当时非以此为由拒绝出售系争房屋，仅表示因姜某、陈某某未购买到房屋而不再出售系争房屋，并愿意支付张某某、沈某某相应的违约金，就购房主体问题及张某某、沈某某逾期付款的行为，姜某、陈某某均未提出异议，亦未要求与张某某、沈某某继续履行合同签订网签版的房屋买卖合同，故姜某、陈某某为双方未能继续履行所签订房屋买卖合同的违约方。现张某某、沈某某已将剩余房款180万元交付至法院，且姜某、陈某某陈述系争房屋上两个第三人的抵押债务已经归还并结清，只是尚未办理抵押权注销登记手续，故双方继续履行所签订的《居间合同（买卖）》不存在法律上的障碍，张某某、沈某某要求继续履行房屋买卖合同及姜某、陈某某协助办理系争房屋产权过户手续的诉请，于法有据，法院予以支持。张某某、沈某某应按合同的约定承担系争房屋产权过户时的相关税费。此外，根据合同的约定，姜某、陈某某在收受全部房款后，应将系争房屋交付给张某某、沈某某,张某某、沈某某此项诉请,符合相关法律规定,法院予以支持。姜某、陈某某作为违约方,并无解除合同之权利,现双方就解除合同未协商一致,故姜某、陈某某要求确认双方所签订房屋买卖合同于2016年8月21日解除的反诉请求,于法无据,法院不予支持。

一审据此判决:一是张某某、沈某某与姜某、陈某某于2016年7月9日签订的《居间合同(买卖)》继续履行;二是姜某、陈某某及第三人上海市住房置业担保有限公司、中国光大银行股份有限公司上海松江支行于判决生效之日起七日内协助张某某、沈某某办理坐落于上海市松江区××路××弄××号××室房屋上抵押登记注销手续(张某某、沈某某有权对本项内容向法院申请强制执行);三是姜某、陈某某于上述抵押登记注销后的七日内协助张某某、沈某某将坐落于上海市松江区××路××弄××号××室房屋产权过户登记至张某某、沈某某名下(相关税费均由张某某、沈某某共同承担);四是张某某、沈某某于上述房屋产权登记至张某某、沈某某名下之日起七日内向姜某、陈某某支付剩余房款180万元;五是姜某、陈某某于上述房屋产权登记至张某某、沈某某名下之日起七日内向张某某、沈某某交付上述房屋;六是驳回姜某、陈某某的反诉诉讼请求。如果未按判决指定的期间履行给付金钱义务,应当依照《中华人民共和国民事诉讼法》第二百五十三条之规定,加倍支付迟延履行期间的债务利息。本诉案件受理费27600元,反诉案件受理费40元,财产保全申请费5000元,合计诉讼费32640元,由姜某、陈某某共同负担。

本院认为,二审争议焦点在于:如何认定上诉人姜某、陈某某与被上诉人张某某、沈某某签订的居间合同的性质及效力?上诉人要求解除与被上诉人签订的该份居间合同有无事实及法律依据?

首先,双方在居间合同中对买卖标的物、出售价款、买受人的付款时间、税费等合同履行的主要条款做出了约定,相关内容约定明确,并无歧义;关于"全部房款付清交房"系双方对交房时间的约定,虽非固定的时间,但也非不能确定,且得出的结论是一致的,故不构成约定不明。据此,双方就交房时间做出了明确约定,显然该份居间合同中的内容已经具备买卖合同中的主要条款,双方完全可以依据该份居间合同确定双方之间的房屋买卖合同关系。另外,双方在居间合同中并没有约定网签版买卖合同的签署为双方之间的买卖合同关系成立条件,故双方是否签订网签版买卖合同不影响双方签署的居间合同的法律性质及法律效力。据此,该份居间合同依法成立并有效,双方应当遵守合同约定,履行各自的合同义务。一审法院认定该份居间合同为本约合同,已具备房屋买卖合同法律关系,并无不当,本院予以认同。上诉人认为居间合同缺乏房屋买卖的过户条款、网签条款、交房条款等基本主要条款,就付款期限与付款方式约定不明确,无法确定交房时间,需要双方磋商一致后再签订网签版买卖合同,据此主张双方签订的该份居间合同是预约合同,本院不予采信。

关于上诉人是否享有法定解除权的问题。本院认为,经查,被上诉人虽然在2016年8月20日之前提出变更购房主体及存在逾期付款的情况,但上诉人并没有针对被上诉人的这些问题提出异议并要求解除合同,双方完全可以基于居间合同中的约定内容在该日签署网签版买卖合同。事实上,上诉人在2016年8月20日之前通过中介公司告知被上诉人其不再出售房屋,双方在该日系因上诉人不同意签署网签版买卖合同而导致合同无法继续履行。故一审法院认定双方合同无法继续履行的原因在上诉人一方,并无不当。上诉人在本案中主张被上诉人存在上述违约情形,但因这些违约行为尚不构成根本性违约,且也非上诉人2016年8月20日不同意签署网签版买卖合同的原因,故上诉人要求认定合同解除的原因在于被上诉人一方,依据不足,本院不予采信。据此,上诉人主张其享有法定解除权,依据不足,本院不予支持。

关于双方是否达成合意解除的问题。本院认为,上诉人在一审中提交盖有中介公司公章的合同终止确认书以及上诉人向中介人员高某的账号进行过退款等,并结合中介人员高某的陈述内容,可以认定上诉人确实通过中介人员与被上诉人就合同解除进行过协商,被上诉人沈某某认可接到电话,但其不认可在电话中明确表达过其同意上诉人提出的解除合同要求,在此情况下,上诉人也没有进一步举证证明,故不能就此认定双方已就合同解除达成一致意见。事实上,被上诉人沈某某在接到电话后的一个小时后回电告知不同意解除合同,对此节事实上诉人也没有否认,且中介人员随后也将钱款退还给上诉人。因此上诉人主张其与被上诉人达成合意解除,据此要求确认居间合同已经解除,本院不予支持。

【实务案例3】中介违反审核义务,承担赔偿责任。

上海市第二中级人民法院审理吕某某与上海沪居房地产经纪有限公司(简称沪居公司)居间合同纠纷〔案号:(2020)沪02民终6633号〕时指出:

一审法院认为,第一,沪居公司确认居间协议是其公司的协议文本,且抬头及签字处显示有打印或手写的沪居公司的名称,左上角抬头也有"沪居房产"的字样。第二,沪居公司认可系争房屋在其处挂牌,于2017年3月20日调取产调信息,并进行了带看房、帮砍价等居间工作。第三,参与交易过程的谢某某、袁某某、赵某某为沪居公司的员工,且相互间存在业务上的层级关系。综上,虽居间协议上无沪居公司的公章,但其与吕某某之间的居间关系成立。

根据法律规定，居间人应当就有关订立合同的事项向委托人如实报告。沪居公司作为受托的专业房屋中介机构，应当在居间活动过程中依照诚实信用原则，对委托人尽到勤勉、谨慎的调查、审核义务，承担相应的交易安全保障责任。根据法律规定，有偿的委托合同，因受托人的过错给委托人造成损失的，委托人可以要求赔偿损失。居间合同属于有偿委托合同，本案中，沪居公司如居间成功将自吕某某处获得佣金，故沪居公司应当根据自身过错对吕某某的损失承担赔偿责任。沪居公司称签订居间协议时就告知了吕某某系争房屋被查封的情况，但从居间协议的内容来看对此并未披露，在出卖方夏某某的刑事案件中，参与交易的多个主体对此的陈述亦各不相同，因此对沪居公司的该项意见，法院不予采信。而吕某某作为一名完全民事行为能力人，尤其还有过多年房地产经纪公司的工作经验，在交易时未对房屋的权利限制状况进行审核、确认，自身也存在明显的过错，其购房款损失的造成并不能完全归咎于沪居公司。故一审法院综合本案情况酌定吕某某及沪居公司对80万元购房款损失，各自承担百分之五十的责任，由沪居公司向吕某某赔偿未退赔部分的百分之五十。沪居公司向吕某某实际履行了赔偿购房款损失的义务后，可另行向负有退赃义务的刑事犯罪人夏某某追偿。

需特别说明的是，如果吕某某在实际收到沪居公司支付的款项后，又获得了刑事犯罪人夏某某的其他退赔款，导致吕某某总计收取的款项超出了80万元范围，则其应当将相应的超出款项全额转交给沪居公司。

一审法院做出判决：沪居公司应于判决生效之日起十日内赔偿吕某某损失40万元。

本院认为，诚实信用是房地产经纪活动中必须遵循的基本原则，经纪机构及其人员如实向交易当事人告知相关信息既是法律的明确规定，也是相关的合同义务。《中华人民共和国合同法》第四百二十五条规定，居间人应当就有关订立合同的事项向委托人如实报告。居间人故意隐瞒与订立合同有关的重要事实或者提供虚假情况，损害委托人利益的，不得要求支付报酬并应当承担损害赔偿责任。本案中，沪居公司的工作人员没有如实告知吕某某系争房屋存有司法查封这一重要事实，造成吕某某重大损失，明显损害了吕某某的合法利益。对此，居间人沪居公司应当承担相应的损害赔偿责任。至于沪居公司所称提供居间服务系谢某某的个人行为、公司不应承担责任的上诉观点，一审法院就此已做详尽论述，本院予以认同，故不再赘述。房屋是否存有抵押、司法查封属基本信息，吕某某有过多年的房屋经纪工作经验，其作为购买人，在未对此进行核验、查对的情况下即签订房屋买卖合同并支付购房款，自身对损失的造成显然具有一定过错。综合考虑沪居公司在房产交易中的身份、所处地位等因素，一审法院判决结果并无不当，吕某某要求沪居公司承担其所受全部损失的补充赔偿责任，本院不予支持。